吉林省农村公路建设与养护技术指南

吉林省交通运输厅　组织编写

人民交通出版社股份有限公司
China Communications Press Co.,Ltd.

图书在版编目(CIP)数据

吉林省农村公路建设与养护技术指南/吉林省交通运输厅组织编写. — 北京：人民交通出版社股份有限公司, 2018.5
ISBN 978-7-114-14662-6

Ⅰ.①吉… Ⅱ.①吉… Ⅲ.①农村道路—道路建设—吉林—指南②农村道路—公路养护—吉林—指南 Ⅳ.①U41-62

中国版本图书馆CIP数据核字(2018)第069999号

Jilin Sheng Nongcun Gonglu Jianshe yu Yanghu Jishu Zhinan

| 书　　名：吉林省农村公路建设与养护技术指南
| 著 作 者：吉林省交通运输厅
| 责任编辑：丁　遥　李　沛
| 责任校对：刘　芹
| 责任印制：张　凯
| 出版发行：人民交通出版社股份有限公司
| 地　　址：(100011)北京市朝阳区安定门外外馆斜街3号
| 网　　址：http://www.ccpress.com.cn
| 销售电话：(010)59757973
| 总 经 销：人民交通出版社股份有限公司发行部
| 经　　销：各地新华书店
| 印　　刷：北京市密东印刷有限公司
| 开　　本：880×1230　1/16
| 印　　张：7.5
| 字　　数：157千
| 版　　次：2018年5月　第1版
| 印　　次：2018年5月　第1次印刷
| 书　　号：ISBN 978-7-114-14662-6
| 定　　价：60.00元

(有印刷、装订质量问题的图书,由本公司负责调换)

吉林省交通运输厅关于印发《吉林省农村公路建设与养护技术指南(试行)》的通知

吉交技〔2018〕143号

各市(州)、长白山管委会、梅河口市、公主岭市交通运输局,厅直有关单位,厅有关处室:

为贯彻落实交通运输部和省委、省政府关于"四好农村路"建设有关要求,服务好乡村振兴战略,提升农村公路建设与养护技术水平,结合我省农村公路建设实际,省厅组织编制了《吉林省农村公路建设与养护技术指南(试行)》,现予印发,自2018年7月1日起执行。

请各有关单位在实践中注意总结经验,如有问题和意见可函告编写单位吉林省交通科学研究所(地址:吉林省长春市进化街908号,邮编:130012,电话:0431-86026006),以便修订时研用。

吉林省交通运输厅
2018年5月31日

前 言

农村公路是保障农民群众生产生活的基本条件,是农业和农村发展的先导性、基础性设施,是社会主义新农村建设的重要支撑。为深入实施"四好农村路"建设,服务好乡村振兴战略,打赢脱贫攻坚战,加快补齐农村公路发展短板,科学指导我省农村公路建设和养护技术工作,使农村公路建设与养护更加规范化、标准化、专业化,吉林省交通运输厅组织吉林省公路管理局和吉林省交通科学研究所编制了《吉林省农村公路建设与养护技术指南》(以下简称《技术指南》)。

《技术指南》编制结合我省农村公路建设和养护实际,坚持问题导向,以增强路网服务功能、改善农村交通条件、提升建设质量和养护水平、保障交通运营安全、提高投资效益为指导原则,进行了广泛的调查研究和技术总结,借鉴和吸取了省内外先进技术和成熟经验,在梳理和归纳总结吉林省多年农村公路建设与养护经验的基础上,突出地域环境特点,并充分考虑与其他相关标准、规范相协调,提出针对性、导向性、适宜性、实用性的关键技术要求。

《技术指南》编制先后经历了资料收集、省内外调研、框架搭建、编制大纲研讨、初稿、征求意见稿、送审稿、报批稿等阶段,充分征询了国内交通行业和省内交通各部门意见。经省内外专家咨询审查,并通过省交通运输厅技术专家委员会的审定,最终形成本《技术指南》。

《技术指南》分上、下两篇,上篇为建设技术:总则、控制要素、路线、路基工程、路面工程、桥梁涵洞、隧道工程、交叉工程、交通安全及服务设施、绿化工程;下篇为养护技术:总则、养护作业内容、路基养护、路面养护、桥涵养护、隧道养护、交通安全设施养护、绿化养护、灾害防治与应急抢修。

编 写 单 位:吉林省交通科学研究所
主要编写人员:孙福申　成　铭　闫秋波　周钟钧　王秀华　叶小盛
　　　　　　　何奎亮　王力波　王　峥　张成博　陈　琳　夏中春
　　　　　　　李　煜　许东风　时成林　曹　圣　王　旭　封　禹
　　　　　　　应伟彪　王海峰　刘　扬
主要编审人员:王潮海　李　欣　沈瑞峰　付　巍　胡雪峰　龙海波
　　　　　　　尹芝明　张学志　王　东　于庆华　李汉林　张炳涛
　　　　　　　陈俊松　胡　宾　袁　媛

目　次

上篇　建设技术

- 1 总则 ·· 3
- 2 控制要素 ·· 5
  - 2.1 一般规定 ·· 5
  - 2.2 等级划分 ·· 5
  - 2.3 技术等级选用 ·· 5
  - 2.4 设计速度选用 ·· 6
  - 2.5 路基宽度及路幅组成 ··· 6
  - 2.6 桥梁净空 ·· 8
  - 2.7 路拱坡度 ·· 8
  - 2.8 视距 ·· 8
  - 2.9 公路用地范围 ·· 8
  - 2.10 设计洪水频率 ··· 9
  - 2.11 路面设计轴载标准 ··· 9
  - 2.12 桥涵设计荷载标准 ··· 9
- 3 路线 ··· 10
  - 3.1 一般规定 ··· 10
  - 3.2 平面线形 ··· 10
  - 3.3 纵断面线形 ·· 12
  - 3.4 线形设计 ··· 14
- 4 路基工程 ··· 15
  - 4.1 一般规定 ··· 15
  - 4.2 路基设计洪水频率 ··· 15
  - 4.3 路基标准横断面 ·· 15
  - 4.4 边坡坡率 ··· 17
  - 4.5 路基填筑高度 ··· 18
  - 4.6 路基填料 ··· 18

  4.7 地表处理 ··· 19
  4.8 特殊路基 ··· 20
  4.9 路基排水 ··· 20
  4.10 路基防护 ··· 21
  4.11 改扩建路基 ··· 21
  4.12 路基施工质量控制要点 ··· 22
5 路面工程 ··· 23
  5.1 一般规定 ··· 23
  5.2 路面结构设计使用年限 ··· 23
  5.3 路基回弹模量 ··· 24
  5.4 基层、底基层和功能层 ··· 24
  5.5 路面面层 ··· 26
  5.6 最低路面结构组合要求 ··· 29
  5.7 路面加宽技术要求 ··· 30
  5.8 路面材料 ··· 31
  5.9 路面施工质量控制要点 ··· 31
6 桥梁涵洞 ··· 33
  6.1 一般规定 ··· 33
  6.2 桥涵设计荷载 ··· 33
  6.3 桥涵净空 ··· 34
  6.4 桥涵设计使用年限 ··· 35
  6.5 桥涵混凝土耐久性要求 ··· 35
  6.6 桥梁结构设计 ··· 35
  6.7 桥面系构造 ··· 36
  6.8 既有桥梁利用 ··· 37
  6.9 涵洞设置 ··· 37
  6.10 其他附属设施 ··· 38
  6.11 桥涵施工质量控制要点 ··· 38
7 隧道工程 ··· 40
  7.1 一般规定 ··· 40
  7.2 隧道技术指标 ··· 40
  7.3 衬砌结构设计 ··· 40
  7.4 隧道防水与排水 ··· 40
  7.5 隧道路面 ··· 41
  7.6 其他 ··· 41

8 交叉工程 … 42
8.1 公路与公路平面交叉 … 42
8.2 公路与公路立体交叉 … 43
8.3 公路与铁路交叉 … 44
8.4 公路与管线交叉 … 44

9 交通安全及服务设施 … 45
9.1 一般规定 … 45
9.2 交通标志 … 45
9.3 护栏 … 48
9.4 交通标线 … 50
9.5 其他安全设施 … 53
9.6 服务设施 … 57
9.7 典型路段安全保障方案 … 58

10 绿化工程 … 61

下篇 养护技术

1 总则 … 65
2 养护作业内容 … 66
3 路基养护 … 69
3.1 一般规定 … 69
3.2 路基检测评定 … 69
3.3 路基养护时机 … 73
3.4 路基养护技术要求 … 73
3.5 路基主要病害防治 … 75

4 路面养护 … 78
4.1 一般规定 … 78
4.2 沥青路面主要病害类型及修补措施 … 78
4.3 水泥路面主要病害类型及修补措施 … 81
4.4 路面检测评价 … 84
4.5 路面养护决策 … 84
4.6 沥青路面日常保养 … 85
4.7 沥青路面小修 … 85
4.8 沥青路面中修方案 … 86
4.9 沥青路面大修方案 … 86
4.10 水泥路面日常保养 … 87

- 4.11 水泥路面小修 ··· 87
- 4.12 水泥路面中修方案 ··· 88
- 4.13 水泥路面大修方案 ··· 88
- 4.14 沥青路面、水泥路面养护时机与措施 ······················ 89
- 4.15 过水路面养护 ··· 91
- 4.16 砌块路面养护 ··· 91

5 桥涵养护 ·· 92
- 5.1 一般规定 ·· 92
- 5.2 桥梁检测与评定 ··· 92
- 5.3 桥涵养护技术要求 ·· 94

6 隧道养护 ·· 101
- 6.1 一般规定 ·· 101
- 6.2 清洁 ··· 101
- 6.3 保养维修 ·· 101
- 6.4 病害处治 ·· 102

7 交通安全设施养护 ··· 103
- 7.1 一般规定 ·· 103
- 7.2 养护工作内容及检查频率 ······································ 103
- 7.3 技术状况评定及标准 ··· 103
- 7.4 安全设施 ·· 104

8 绿化养护 ·· 106

9 灾害防治与应急抢修 ··· 107
- 9.1 一般规定 ·· 107
- 9.2 防洪(汛)与水毁抢修 ··· 107
- 9.3 冬季除雪防滑 ··· 108
- 9.4 塌方、滑坡防治与抢修 ··· 108
- 9.5 泥石流防治与应急措施 ··· 109

上篇 建设技术

1 总 则

1.0.1 为加强吉林省农村公路建设的技术指导,保证工程质量,提高投资效益,结合吉林省农村公路建设实际,依据国家和交通运输部颁布的现行相关标准、规范、规程、细则、办法,制定本指南。

1.0.2 本指南适用于吉林省二级、三级、四级农村公路新建、改扩建工程。一级公路建设相关技术标准按现行标准、规范执行。

改扩建工程是指在现有公路的基础上,为提高技术等级、通行能力或改善技术指标而进行的公路建设工程,包括公路的改建、扩建等。

1.0.3 本指南所称农村公路是指纳入农村公路规划,并按公路工程技术标准修建的县道、乡道、村道及其所属设施。

县道是指除国道、省道以外的县际间公路,以及连接县级人民政府所在地与乡级人民政府所在地和主要商品生产、集散地的公路。

乡道是指除县道及县道以上等级公路以外的乡际间公路,以及连接乡级人民政府所在地与建制村的公路。

村道是指除乡道及乡道以上等级公路以外的连接建制村与建制村、建制村与自然屯、建制村与外部的公路,但不包括村内街巷和农田间的机耕道。

1.0.4 农村公路建设规划应当结合国民经济和社会发展规划、土地利用总体规划、社会公众生产生活需求、农村城镇化建设及乡村振兴战略需要,并与城乡规划、国省干线以及其他交通运输发展规划相协调,与周边其他路网相衔接,形成布局合理、比例适当、有效衔接的公路网络,提高路网的服务水平。

1.0.5 农村公路建设应遵循"统筹规划、政府主导、分级负责、安全至上、确保质量、生态环保、因地制宜、经济适用"的原则,合理利用土地资源,注重环境保护,并结合村镇综合整治,改善农村交通条件。

1.0.6 农村公路建设应注重解决区域间的断头路及县际、乡际间的互联互通,并强化乡镇与建制村的通达性、建制村向自然屯的延伸性。

1.0.7 农村公路新建、改扩建应以提升路面质量,消除旧桥隐患,完善排水、防护工程及交通安全设施为目标,排水、防护、绿化、交通安全设施、客运汽车停靠站(点)等应与主体工程同步实施,全面改善和提升通行条件,保障运营安全。

1.0.8 积极稳妥地采用成熟可靠的"新技术、新材料、新工艺、新设备",开展农村公路品质工程建设。在保证农村公路建设质量的前提下,应充分利用地产材料、工业废料及旧路资源,推动资源循环利用,降低工程建设成本。

1.0.9 本指南未尽事宜应按国家和行业现行有关标准执行。

2 控制要素

2.1 一般规定

1 新建、改扩建农村公路应按路网结构与规划、区域经济发展水平、交通特性、村镇发展规划等综合分析确定公路功能,并结合设计交通量、既有公路现状、地形地质条件等合理选用公路技术等级与主要技术指标。

2 新建、改扩建农村公路技术标准原则上应按现行《公路工程技术标准》(JTG B01)的规定执行。受地形、地质等自然条件和经济条件限制,技术指标无法完全达到等级公路标准的乡、村公路局部路段,可按《农村公路建设暂行技术要求》(交公路发〔2004〕372号)的规定执行。

3 农村公路建设应结合路网规划、社会经济和交通发展需求、地形条件、当地经济水平等因素,对标准较低、不能满足功能需要的农村公路逐渐提档升级。

4 农村公路设计交通量预测应符合现行《公路工程技术标准》(JTG B01)的有关规定,其中四级公路的设计交通量推荐按 10 年预测。

2.2 等级划分

2.2.1 行政等级
农村公路按行政等级分为:县道、乡道、村道。

2.2.2 技术等级
吉林省农村公路宜采用二级、三级和四级公路三个技术等级,有特殊需要时可采用一级公路。

2.3 技术等级选用

1 县道宜采用二、三级公路;乡道宜采用三、四级公路;村道宜采用四级公路。

2 连接规模较大的县(市、区)、主要工农业生产基地、重要经济开发区、旅游名胜区、商品集散地及有其他需求的农村公路,宜适当提高技术等级。

3 承担旅游路、资源路、产业路功能的农村公路可根据实际需求适当提高技术等级。

4 一条公路可分段选用不同的技术等级或同一技术等级采用不同的设计速度、路基宽度，但不同技术等级、设计速度、路基宽度间的衔接及过渡应协调顺适。

5 对于利用原有公路进行改扩建的路段，当提高技术等级可能诱发工程地质灾害或对环境保护、文物有不利影响时，经论证该局部路段可维持原设计速度和技术指标，但须增设必要的安保设施。

6 在具备条件时，现存的等外路应逐步改建达到四级及四级以上公路标准。

2.4 设计速度选用

1 不同等级公路的设计速度应在保障行车安全的前提下，综合考虑公路功能、行政等级、技术等级、地形、地质、工程造价和沿线的土地利用性质等综合因素合理确定。

2 农村公路设计速度宜按下列要求选定（表2.4.2）：

1）县道采用二级公路时，设计速度宜采用60km/h；局部路段受地形、地质等条件限制时，经技术经济论证后设计速度可采用40km/h。

2）县、乡道采用三级公路时，设计速度宜采用40km/h；受地形、地质等条件限制时，可采用30km/h。

3）乡、村道采用四级公路时，设计速度宜采用30km/h；受地形、地质等条件限制时，可采用20km/h。

4）地形条件较好、交通量较大、经济较发达地区的二级公路设计速度可采用80km/h，相关技术标准按现行规范执行。

表2.4.2 设 计 速 度

公路等级		二级公路	三级公路	四级公路
设计速度 （km/h）	一般值	60	40	30
	条件受限	40	30	20
	有条件	80	—	—

3 同一路段不同技术标准的设计速度差应不大于20km/h；不同路基宽度衔接时应设置过渡段，起终点应设置在村镇、主要交叉口等交通量发生明显变化处，过渡段长度按现行《公路路线设计规范》（JTG D20）要求取值，并应满足交通安全设施设置要求。

4 设计速度为20km/h的乡、村四级公路，受地形、地质、地物等条件严格限制，工程无法实施的局部路段，经技术、安全综合论证，设计速度可采用15km/h，但应设置完善的交通安全设施。

2.5 路基宽度及路幅组成

1 路基宽度及路幅组成应根据公路功能、设计交通量、设计速度、设计通行能力和地形条件综合确定（表2.5.1），并符合下列规定：

1）县道应采用双车道。

2）乡道原则上应采用双车道；交通量较小、大型车比例较少时，可采用路基宽度 6.5m、路面宽度 5m 的单车道。

3）村道一般情况下应采用双车道；交通量较小、地形地质条件复杂或受经济条件限制的地区可采用单车道。采用单车道时，通建制村、撤并村道路宜采用路基宽度 6.5m，路面宽度 5.0m 的标准；大型车比例较小时，通建制村、撤并村道路可采用路基宽度 5.5m，路面宽度 4.5m 的标准。通自然屯道路一般宜采用路基宽度 5.5m，路面宽度 4.5m 的标准；受征地拆迁、地形地质、交通需求等条件制约的特殊路段，路基宽度不小于 4.5m，路面宽度不小于 3.5m。

表 2.5.1　路幅组成宽度

行政等级	技术等级	设计速度（km/h）	车道数（个）	路基宽度（m）	路面宽度（m）	土路肩宽度（m）
县道	二级公路	60	2	10.0	8.5	0.75
	三级公路	40	2	8.5	7.0	0.75
		30	2	7.5	6.5	0.50
乡道	三级公路	40	2	8.5	7.0	0.75
		30	2	7.5	6.5	0.50
	四级公路	30	2	7.5	6.5	0.50
		30 或 20	1	6.5	5.0	0.75
村道	四级公路	30	2	7.5	6.5	0.50
		30 或 20	1	6.5	5.0	0.75
				5.5	4.5	0.50
				4.5	3.5	0.50

注：二级公路设计速度为 40km/h 时，路基宽度为 8.5m，路面宽度 7.0m；设计速度为 80km/h 时，路基宽度为 12.0m，路面宽度 10.5m。

2　农村公路穿越城镇、乡村时，应与城镇规划建设相结合，路面宽度可根据实际需要适当加宽；当为单车道时，宜加宽为双车道，不具备条件时宜将土路肩硬化。

3　旧路改造时应结合实际交通需求和当地社会经济发展需要，旧路路面宽度小于 4.5m 时，改建后路基宽不宜小于 5.5m，路面宽不宜小于 4.5m；旧路路面宽度等于 4.5m 时，改建后路基宽不宜小于 6.5m，路面宽不宜小于 5.0m。对不具备加宽条件的情况，可维持原有路面宽度。

4　单车道路基宽度小于 6.5m 的路段应在通视且不大于 500m 的距离内选择有利地点设置错车道，设置错车道路段的路基宽度应不小于 6.5m，有效长度不小于 20m（受限制路段有效长度不小于 10m），或加宽土路肩并以适当形式硬化，以满足错车需求。

5　通校车、客运班车的路段，应结合停靠站、候车亭等需要设置加宽路面。

6　具有旅游功能的农村公路及其他有条件的路段可根据需求设置小型服务区、停车区、公共厕所等；农村公路建设过程中，可按照相关部门的规划同步实施自行车道、慢跑道等慢行系统。

2.6 桥梁净空

1 桥面净宽应在符合现行《公路工程技术标准》(JTG B01)中建筑限界规定的基础上,结合城镇规划和路网升级改造规划需求确定;三、四级公路特大桥、大桥净宽标准宜提高一级。对于单车道公路,考虑到桥梁作为永久性建筑,有条件地区桥面净宽不宜小于7.0m;一定时期没有扩建需求且经济受限的情况下,桥面净宽不宜小于6.0m。当桥梁宽度与路基宽度不同时,桥头引道应设置渐变段,渐变率为1:15且渐变段长度不小于10m。

2 位于城镇、村屯、景区附近等人口密集路段的特大、大、中桥宜根据需要设置人行道,人行道宽度不小于0.75m。

3 农村公路与国省干线公路、铁路的分离式立体交叉构造物净空应在满足现行《公路桥涵设计通用规范》(JTG D60)要求的基础上,结合既有公路标准及远期规划综合确定。

2.7 路拱坡度

1 二、三级公路及双车道四级公路的路拱应采用双向路拱坡度,由路中央向两侧倾斜,路拱坡度宜为1.5%。

2 单车道四级公路的路拱应采用单向路拱,倾斜方向应结合沿线排水条件确定,路拱坡度宜为0.5%;路面采用分幅施工时,路拱可采用双向路拱坡度。

3 硬路肩应与行车道路拱横坡相同。

4 土路肩应设置向外倾斜的横坡,其坡度值不宜小于2.5%。

2.8 视距

1 农村公路的视距应采用会车视距。受地形条件或其他特殊情况限制而采取分道行驶措施的路段,可采用停车视距。停车视距、会车视距应符合现行《公路工程技术标准》(JTG B01)的规定。

2 双车道公路应间隔设置满足超车视距的路段。超车视距应符合现行《公路工程技术标准》(JTG B01)的规定。

3 对几何指标较低、线形组合复杂、路侧有高边坡或建筑物、平面交叉等存在视距不良的路段和区域,应采取相应的工程技术措施予以改善。

2.9 公路用地范围

1 新建、改扩建公路路堤两侧排水沟边缘(无排水沟时为路堤坡脚)以外,路堑坡顶截水沟外边缘(无截水沟时为坡顶)以外不小于1m的土地为公路用地范围。

2 桥梁、隧道、错车道、平面交叉、安全设施、服务设施、绿化带以及其他线外工程等用地,应根据实际需要确定用地范围。

3 应结合农村土地确权同步完成已建农村公路用地管理,以能满足公路使用和养护需要,在保证路基不受侵害的原则下确定用地范围。有条件路段,可结合公路远期规划适当增大用地范围。

4 对已预留用地的农村公路应保持原有用地范围,并与其他农村集体用地划分清晰。

2.10 设计洪水频率

2.10.1 路基设计洪水频率

除应满足现行《公路工程技术标准》(JTG B01)的要求外,四级公路路基设计洪水频率推荐采用1/20;对具有唯一抢险救灾通道功能的农村公路,设计洪水频率可提高一级。

2.10.2 桥涵设计洪水频率

除应满足现行《公路工程技术标准》(JTG B01)要求外,三、四级公路的大桥设计洪水频率应采用1/100,四级公路的涵洞及小型排水构造物设计洪水频率推荐采用1/20。

2.11 路面设计轴载标准

路面设计应采用轴重为100kN的单轴-双轮组轴载作为设计轴载。

2.12 桥涵设计荷载标准

1 二级公路新建桥涵汽车荷载等级应采用公路-Ⅰ级;三、四级公路新建桥涵汽车荷载等级应采用公路-Ⅱ级。

2 三、四级公路新建特大桥及三级公路重载车辆较多的新建大桥,汽车荷载等级应采用公路-Ⅰ级;有特殊荷载需求的其他规模桥梁,汽车荷载等级宜采用公路-Ⅰ级。

3 桥涵改扩建汽车荷载标准应符合下列规定:

1)对直接利用或需拼接加宽利用的既有桥涵,应进行检测评估并满足原设计荷载标准的要求,三、四级公路提高等级时其极限承载力应满足或采取加固措施后满足现行标准的要求。

2)加宽改造桥涵,拼接新建部分应满足现行设计荷载标准的要求。

3)对直接利用或拼接加宽利用的既有桥涵,应提出有针对性的运营管理和维护措施,保证行车安全。

3 路 线

3.1 一般规定

1 路线设计应根据公路行政等级、技术等级,并结合地形、地质、水文条件,综合考虑使用功能、工程投资等因素,合理选用技术指标,保持线形平顺、指标均衡,行车安全舒适。

2 路线设计应重视运营安全、环境保护等问题,贯彻保护耕地、节约用地原则,尽量减少拆迁;尽量避免穿越滑坡、泥石流、软土、沼泽、断层等地质不良地段,必须穿越时应尽量缩小穿越范围,并采取必要的工程技术措施。

3 旧路改扩建应充分利用旧路资源,尽量利用旧路平、纵线形和既有桥梁、隧道,减少新增占地,降低工程造价。

4 旧路改扩建时,对于线形指标低、易引发交通事故的路段,应采取局部路线优化方案,一次改造到位;条件受限,无法改造到位的,应设置相应的交通安全设施,并通过曲线内侧加宽车道、削坡、清理弯道内侧树木、开挖视距台阶等措施提高视线通透性,最大限度地保证行车安全。

3.2 平面线形

1 二、三级公路的平面线形由直线、圆曲线和缓和曲线三种要素组成。四级公路可由直线和圆曲线两种要素组成。

2 直线

1)有条件路段应充分利用直线的短捷优势,减少建设和运营里程。

2)新建公路原则上应满足现行《公路路线设计规范》(JTG D20)中关于两圆曲线间最小直线段长度的规定;对于特殊困难路段,同向圆曲线间最小直线段长度应大于3倍设计速度(以km/h计)行程。利用旧路改扩建,设计速度等于60km/h时,可参照上述规定执行;设计速度小于或等于40km/h时,可不受此规定限制。

3 圆曲线

1)各级公路不论转角大小,均应设置与设计速度、自然环境和地形条件相适应的圆曲线。相邻曲线的转角差值不宜过大。圆曲线最小半径和平曲线最小长度应符合表3.2.3.1的规定。

表 3.2.3.1　圆曲线最小半径和平曲线最小长度

设计速度(km/h)		60	40	30	20
圆曲线最小半径(m)	一般值	200	100	65	30
	最大超高4%极限值	150	65	40	20
	最大超高6%极限值	135	60	35	15
不设超高的圆曲线最小半径(m)		1 500	600	350	150
平曲线最小长度(m)	一般值	300	200	150	100
	最小值	100	70	50	40

注:"一般值"为正常情况下的采用值,"极限值"和"最小值"为条件受限时可采用的值。

2)改扩建公路利用旧路布线的转角小于或等于7°时,有条件路段应取消小偏角。否则其平曲线长度应大于表3.2.3.2中规定的"一般值"。当地形条件及其他特殊情况限制时,可采用表中的"最小值"。

表 3.2.3.2　公路转角小于或等于7°时的平曲线长度

设计速度(km/h)		60	40	30	20
平曲线长度(m)	一般值	700/α	500/α	350/α	280/α
	最小值	100	70	50	40

注:表中 α 为路线转角值(°),当 α<2° 时,按 α=2° 计算。

4　缓和曲线

1)缓和曲线应采用回旋线。二、三级公路圆曲线半径小于不设超高最小半径时,应设置缓和曲线;四级公路可不设缓和曲线。缓和曲线最小长度应符合表3.2.4.1的规定。

表 3.2.4.1　缓和曲线最小长度

设计速度(km/h)	60	40	30	20
缓和曲线最小长度(m)	50	35	25	20

2)缓和曲线长度宜满足相应的超高、加宽过渡段长度要求。

5　圆曲线超高

1)圆曲线半径小于表3.2.3.1规定的不设超高圆曲线最小半径时,应在曲线上设置超高。

2)城镇及村屯段最大超高值为4%,其他区域最大超高值为6%。

3)超高过渡宜采用线性过渡方式。

6　圆曲线加宽

二、三级公路圆曲线半径小于或等于250m时,应按现行《公路路线设计规范》(JTG D20)规定,在圆曲线内侧路面设置加宽。四级公路应根据设计速度、圆曲线半径、设计车辆尺寸计算行车轨迹增宽值,并结合路面宽度、安全净距等确定是否需要设置加宽。四级公路允许将加宽渐变段设置在直线或曲线上,但插入曲线长度不得超过渐变长度的一半。

7　回头曲线

1)越岭路线应利用有利地形自然展线,尽量避免设置回头曲线。主线设计速度小于或等于40km/h的农村公路在自然展线无法争取需要的距离以克服高差,或因地形、地质条件所限不能采取自然展线时,可采用回头曲线。

2)两相邻回头曲线之间,应有较长的距离。由一个回头曲线的终点至下一个回头曲线的起点的距离,设计速度为 40km/h、30km/h、20km/h 时,应分别不小于 200m、150m、100m。

3)回头曲线各部分的技术指标应符合表3.2.7.3的规定。设计速度为40km/h的公路根据地形条件可选用35km/h或30km/h的回头曲线设计速度。

表3.2.7.3 回头曲线设计指标

主线设计速度(km/h)	40		30	20
回头曲线设计速度(km/h)	35	30	25	20
圆曲线最小半径(m)	40	30	20	15
缓和曲线最小长度(m)	35	30	25	20
超高横坡度(%)	6	6	6	6
双车道路面加宽值(m)	2.5	2.5	2.5	3.0
最大纵坡(%)	3.5	3.5	4.0	4.5

4)回头曲线前后的线形应连续、均匀、通视良好,两端宜布设过渡性曲线,且应设置限速标志等交通安全设施。

3.3 纵断面线形

3.3.1 纵坡

1 公路的最大纵坡应不大于表3.3.1.1的规定。

表3.3.1.1 最 大 纵 坡

设计速度(km/h)	60	40	30	20
最大纵坡(%)	6	7	8	

注:旧路改扩建设计速度为20km/h时,在采用防滑路面结构,保障安全的前提下,经论证最大纵坡可采用9%。

2 桥上及桥头路线的纵坡应符合下列规定:

1)桥梁及其引道的平、纵、横技术指标应与路线总体布设相协调,各项技术指标应符合路线布设的规定。大、中桥上的纵坡不宜小于0.5%且不宜大于4%,桥头引道纵坡不宜大于5%;小桥处的纵坡应随路线纵坡设计。

2)位于城镇混合交通繁忙处的桥梁,桥上及桥头引道纵坡均不得大于3%。

3.3.2 坡长

1 公路纵坡的最小坡长应符合表3.3.2.1的规定。

表 3.3.2.1 最 小 坡 长

设计速度(km/h)	60	40	30	20
最小坡长(m)	150	120	100	60

2 各级公路的最大坡长应符合表 3.3.2.2 的规定。

表 3.3.2.2 最 大 坡 长(m)

设计速度(km/h)		60	40	30	20
最大纵坡 (%)	3	1 200	—	—	—
	4	1 000	1 100	1 100	1 200
	5	800	900	900	1 000
	6	600	700	700	800
	7	—	500	500	600
	8	—	—	300	400
	9	—	—	—	300

3 连续上坡或下坡路段,相对高差为 200m～500m 时,平均纵坡应不大于 5.5%;相对高差大于 500m 时,平均纵坡应不大于 5%。任意连续 3km 路段的平均纵坡宜不大于 5.5%。

3.3.3 合成坡度

各级公路最大合成坡度原则上应小于 8%。对于路面采取防滑措施且路段无结冰积雪情况,能够保障行车安全的前提下,经论证最大合成坡度可以控制在 9% 以内。

3.3.4 竖曲线

公路纵坡变更处应设置竖曲线,竖曲线应采用圆曲线,其竖曲线最小半径与竖曲线长度应符合表 3.3.4 的规定。

表 3.3.4 竖曲线最小半径与竖曲线长度

设计速度(km/h)		60	40	30	20
凸形竖曲线半径 (m)	一般值	2 000	700	400	200
	极限值	1 400	450	250	100
凹形竖曲线半径 (m)	一般值	1 500	700	400	200
	极限值	1 000	450	250	100
竖曲线长度 (m)	一般值	120	90	60	50
	极限值	50	35	25	20

注:表中所列"极限值"为条件受限时,经技术经济论证后的采用值;"一般值"为正常情况下的采用值。在实际应用中,为了安全和舒适,宜采用表中所列"一般值"的 1.5～2.0 倍或更大值。

3.4 线形设计

1 线形设计应在安全、经济条件下,力求做到线形高低指标之间逐渐过渡,并与地形相适应,与自然环境和景观相协调。对于设计速度大于或等于60km/h的农村公路,应避免出现不利组合,以提高线形质量,确保行车安全。

2 条件受限制时,可采用接近圆曲线最小半径的"一般值";地形条件特殊困难而不得已时,方可采用圆曲线最小半径的"极限值",并应采取措施保证行车安全。

3 桥梁、隧道的线形应与路线线形相协调,且连续、流畅。应避免直线桥梁与小半径平曲线相连接。

4 各级公路不宜采用最大纵坡值和不同纵坡最大坡长值,只有在为争取高度利用有利地形、旧路改扩建或避开工程艰巨地段等不得已时,方可采用。

5 为改善桥梁排水条件,保障行车安全,凹形竖曲线的底部不应设置在桥上。

6 各等级公路在平纵线形组合设计时,应特别注意以下规定:

1)应避免凸形竖曲线顶点与反向平曲线拐点相重合。

2)应避免长直线或长下坡尽头接小半径平曲线。

3)相邻平曲线半径的变化要连续均衡,避免突变。

4)应尽量避免急弯与陡坡相重合。

7 当受条件限制而无法避免地出现了第6款中的线形组合时,应采取其他保障行车安全的措施,如改善路面结构,加强安全防护设施,加宽路基,设置限速标志,设置视线诱导标志,增设减速带或减速标线等。

4 路基工程

4.1 一般规定

1 路基工程应根据公路技术等级、使用功能,结合当地自然条件(包括地形、地质、水文、路用材料等)和施工方法进行综合设计,保证其具有足够的强度、稳定性、耐久性与经济合理性。

2 路基断面形式应与沿线自然环境协调,在满足路基最小填筑高度的前提下,尽量降低路基填筑高度,避免高填、深挖,并应因地制宜,合理采用当地材料和建筑垃圾等填筑路基,最大限度地保护周边环境和节约土地资源。

3 路基工程应重视排水设施与防护设施,对于频发较大洪水的路段,应查清隐患,采取有效措施做好水毁防治,全面提高农村公路防灾、抗灾能力。

4 路基设计应控制路基工后沉降量,对软弱地基、路基与桥涵结构物连接处、路基填挖交界处、高路堤、陡坡路堤等,应采取综合措施,防止路基不均匀变形。

5 路基通过特殊地质和水文条件的路段,必须查明其规模及对公路危害程度,结合当地实践经验,采取综合治理措施。

6 结合吉林省季冻区气候特点,对低填、浅挖路段和地表水、地下水较丰富路段,应采用防、排、疏等方式进行处理,防止发生路基翻浆和冻胀病害。

4.2 路基设计洪水频率

各等级农村公路路基设计洪水频率按表4.2执行。

表4.2 路基设计洪水频率

公路等级	二级公路	三级公路	四级公路
设计洪水频率	1/50	1/25	1/20

注:对具有唯一抢险救灾通道功能的农村公路,设计洪水频率可提高一级。

4.3 路基标准横断面

1 二级公路(县道):设计速度一般采用60km/h,路基宽度宜采用10.0m,路面宽度8.5m(图4.3.1)。

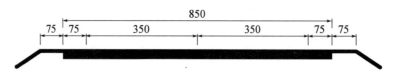

图 4.3.1 二级公路标准横断面示意图(尺寸单位:cm)

2 三级公路(县道、乡道):设计速度一般采用 40km/h,路基宽度宜采用 8.5m,路面宽度 7.0m(图 4.3.2)。

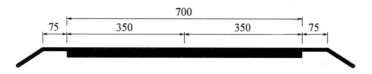

图 4.3.2 三级公路标准横断面示意图(尺寸单位:cm)

3 三、四级公路(县道、乡道、村道双车道):设计速度采用 30km/h,路基宽度宜采用 7.5m,路面宽度 6.5m(图 4.3.3)。

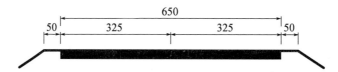

图 4.3.3 四级公路(县道、乡道、村道双车道)标准横断面示意图(尺寸单位:cm)

4 四级公路(乡道、通建制村、撤并村村道单车道):设计速度可采用 30km/h 或 20km/h,路基宽度宜采用 6.5m,路面宽度 5.0m(图 4.3.4-1)。通建制村、撤并村大型车辆较少时,路基宽度可采用 5.5m,路面宽度 4.5m(图 4.3.4-2)。

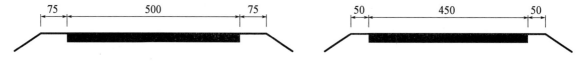

图 4.3.4-1 四级公路(乡道、通建制村、撤并村单车道) 　　图 4.3.4-2 四级公路(通建制村、撤并村单车道)
标准横断面示意图(尺寸单位:cm) 　　　　　　　　　　　标准横断面示意图(尺寸单位:cm)

5 四级公路(通自然屯):通自然屯公路一般宜采用路基宽度 5.5m,路面宽度 4.5m 标准,受征地拆迁、地形复杂等条件限制的特殊路段,路基宽度不小于 4.5m,路面宽度不小于 3.5m(图 4.3.5)。

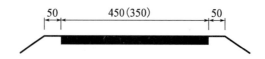

图 4.3.5 四级公路(通自然屯)标准横断面示意图(尺寸单位:cm)

6 对于穿越城镇、村屯段落,可结合村镇规划和实际需求,横断面由机动车道、非机动车道、人行道、设施带、绿化带、路肩、边沟等组成。

7 土路肩宽度、厚度应符合本指南要求。对于单车道路面,土路肩填料应采用小型机械进行压实,保持坚实,有条件段落可适当增加土路肩宽度,并与设置错车道相结合。

4.4 边坡坡率

1 路堤边坡形式和坡率应根据填料的物理力学性质、边坡高度和工程地质条件确定,边坡高度不大于20m时,其边坡坡率不宜陡于表4.4.1的规定值。

表4.4.1 路堤边坡坡率

填料类别	边坡坡率	
	上部高度($H \leq 8m$)	下部高度($H \leq 12m$)
细粒土	1:1.5	1:1.75
粗粒土	1:1.5	1:1.75
巨粒土	1:1.3	1:1.5

注:对边坡高度大于20m及浸水路堤,其边坡坡率按现行《公路路基设计规范》(JTG D30)的规定执行。

2 挖方土质路堑边坡形式及坡率应根据工程地质与水文地质条件、边坡高度、排水防护措施、施工方法等,并结合周边自然稳定边坡、人工边坡的调查及力学分析综合确定,边坡坡率取值不宜陡于表4.4.2的规定值。

表4.4.2 土质路堑边坡坡率

土的类别		边坡坡率
黏土、粉质黏土、塑性指数大于3的粉土		1:1
中密以上的中砂、粗砂、砂砾		1:1.5
卵石土、碎石土、圆砾土、角砾土	胶结和密实	1:0.75
	中密	1:1

注:特殊土质挖方边坡形式及坡度和路堑边坡高度大于20m时,按现行《公路路基设计规范》(JTG D30)的规定执行。

3 石质路堑边坡形式及坡率应根据工程地质与水文地质条件、边坡高度、排水防护措施、施工方法等,并结合周边自然稳定边坡、人工边坡的调查综合确定,边坡坡率取值不宜陡于表4.4.3的规定值。

表4.4.3 石质路堑边坡坡率

边坡岩体类型	风化程度	边坡坡率	
		$H \leq 15m$	$15m < H \leq 30m$
Ⅰ	未风化	1:0.1~1:0.3	1:0.1~1:0.3
	弱风化	1:0.1~1:0.3	1:0.3~1:0.5
Ⅱ	未风化、微风化	1:0.1~1:0.3	1:0.3~1:0.5
	弱风化	1:0.3~1:0.5	1:0.5~1:0.75
Ⅲ	未风化、微风化	1:0.3~1:0.5	—
	弱风化	1:0.5~1:0.75	—

续表4.4.3

边坡岩体类型	风化程度	边坡坡率	
		H≤15m	15m<H≤30m
Ⅳ	弱风化	1:0.5~1:1	—
	强风化	1:0.75~1:1	—

注：边坡高度大于30m时，按现行《公路路基设计规范》(JTG D30)的规定执行。

4 当挖方边坡超过5m时，可根据不同土质、岩石性质和稳定要求开挖成折线式或台阶式边坡，边沟外侧应设置碎落台，其宽度不宜小于1.0m；台阶式中部应设置边坡平台，其宽度不宜小于2.0m。

4.5 路基填筑高度

1 路基设计应考虑地表水对路基性能的影响，设置完善的防排水系统，路肩边缘须高出路基两侧地表水0.7m。

2 土质路基上路床顶面最低点距地下水位的高差应不小于路基冰冻条件下临界高度。水文地质条件不良的土质挖方路基或潮湿状态填方路基，应采取设置排水垫层、隔离层、地下排水渗沟等措施。

3 沿河及受水浸淹的路基，应满足设计洪水频率的计算水位加壅水高、波浪浸袭高和0.5m的安全高度。

4.6 路基填料

1 路基填料宜采用砾类土、砂类土等水稳性较好的材料，严格控制路基压实，确保满足强度、稳定性和耐久性要求。

2 含草皮、生活垃圾、树根、腐殖质的土，严禁作为填料；泥炭、淤泥、有机质土、易溶盐含量超标的盐渍土和液限大于50%、塑性指数大于26的细粒土，不得用于填筑路基。

3 细粒土做填料时，含水率应接近最佳含水率，当含水率过高时，应采取晾晒或掺入石灰、水泥、粉煤灰等材料进行处治。

4 粉性土不宜直接填筑路床及浸水部分的路堤，区域内填料极其缺乏时，粉性土作为路基填料，应进行改良后采用。

5 路基填料采用石料时，宜填筑在上下路堤层位，填料粒径不宜大于层厚的2/3，不均匀系数宜为15~20。填石路基具体技术要求可参照吉林省地方标准《公路填石路基施工技术规范》(DB22/T 1961—2013)执行。

6 农村公路建设时应充分论证利用周边高速公路、国省干线公路大中修的废旧料填筑路基，最大程度的循环利用废旧料。

7 路基各部位填料最小承载比应符合表4.6.7的规定。

表 4.6.7　路基填料最小承载比要求

路基部位(m)		填料最小强度(CBR)(%)	
		二级公路	三、四级公路
路床	上路床(0~0.3)	6	5
	下路床(0.3~0.8)	4	3
路堤	上路堤(0.8~1.5)	3	3
	下路堤(1.5以下)	2	2

注：1. 当三、四级公路铺筑沥青混凝土、水泥混凝土路面时，应采用二级公路的规定。
　　2. 浸水路堤、桥涵台背和挡土墙墙背宜采用渗水性良好的填料，当采用细粒土填筑时，可采用无机结合料进行稳定处治。

8　路基冻深范围内各层土质填料应根据冻区划分、路基高度、干湿类型、路面结构类型及容许总冻胀量等因素，结合材料来源，宜选择非冻胀和弱冻胀性材料，并保证路基填料的均匀性，当路基填料不能满足抗冻等级要求时，应采取换填不冻胀性材料、提高路基高度、阻断地下毛细水上升及降低地下水位等措施。

9　土质路基不满足路基冰冻临界高度要求时，可采取提高路基设计高程、设置防冻垫层、隔离层，必要时设置渗沟、排水边沟、冻深范围内换填不冻胀或弱冻胀性材料等措施。

10　路基填筑应分层铺筑，碾压密实，分层铺筑厚度应不大于30cm，分层压实厚度应不大于25cm，每种填料的填筑层压实后的连续厚度不宜小于50cm，填筑路床顶最后一层时，压实后的厚度应不小于10cm。压实度应符合表4.6.10的规定。

表 4.6.10　路基填料压实度要求

填挖类别	路床顶面以下深度(m)	压实度(%)	
		二级公路	三级、四级公路
零填及挖方	0~0.3	≥95	≥94
	0.3~0.8	≥95	≥94
填方路基	0~0.8	≥95	≥94
	0.8~1.5	≥94	≥93
	>1.5	≥92	≥90
桥、涵台背、挡墙背		≥96	≥96

注：1. 当三、四级公路铺筑沥青混凝土、水泥混凝土路面时，应采用二级公路的规定。
　　2. 四级公路经过特殊潮湿地区的路段，在保证路基强度和回弹模量要求的前提下，通过试验论证，路堤压实度可适当降低1~2个百分点。

4.7　地表处理

1　地基表层在填筑前必须清除表面浮土和杂物，并进行碾压密实，二级公路基底的压实度(重型)不应小于90%，三、四级公路不应小于85%。

2 当基底强度、稳定性不足时,应采取换填砂砾、碎石土、山皮石等材料进行处理,以保证路基稳定,减少工后沉降。

4.8 特殊路基

路线通过特殊土(岩)、不良地质路段时,应考虑对路基长期性能的影响,对可能造成的病害,应遵循"预防为主、防治结合"的原则,因地制宜,采取有效的工程处理措施,保证路基稳定。

1 软土地区路基应根据软土厚度和性质、路堤高度、施工机具、筑路材料、施工工艺等条件及工期要求,采用基底换填砂砾、碎石土、山皮石、排水固结、加固土桩等方法进行加固,减小路基整体工后沉降,容许工后沉降应在路面设计使用年限周期内小于0.5m。

2 路线通过泥石流地段时,应查明泥石流的分布范围、规模、活动规律、泛滥边界等情况,分析预测泥石流发展趋势及对公路的危害程度。宜采取恢复植被、排导、拦截和坡面防护等综合治理措施。

3 盐渍土路段路基位置应选择在地势较高、地下水位较低、排水条件好、土中含盐量低、盐渍土分布范围小的地段,并应以路堤通过,应对盐渍土地基表层进行清理,清除深度宜为0.3m~0.5m;填料宜采用砂砾、风积砂等材料,存在地表积水、地下水位较浅段落,应在路堤内部设置隔断层;盐渍土路段路基排水还应采取防、排、疏相结合的综合措施。

4 涎流冰地段路基可采取提高路基高度、完善排水系统、设置挡冰墙(堤)、聚冰坑(沟)、盲沟、暗沟等处治措施,避免涎流冰危害公路运营安全。

4.9 路基排水

1 路基排水包括地表排水和地下排水。路基排水应利用地形、天然水系和现有的农田水利系统,合理设置边沟、排水沟、截水沟、盲沟、管道等排水设施。

2 边沟设置一般采用明沟形式,断面一般采用梯形、矩形或浅碟形,边沟尺寸应结合当地降雨量和地质、地形特点合理确定,土质路段边沟深度和底宽不小于0.4m,石质路段不小于0.3m,在水量集中、容易冲毁路段,应适当加大断面尺寸。对于地形平坦、纵坡平缓的低填、浅挖路段,可选用浅碟形边沟(排水沟),放缓边坡,与原地面舒缓自然衔接。土质边沟坡度大于或等于4%时,宜采用硬化边沟,石质边沟应对沟底找平,可不进行砌筑。

3 对于易受水冲刷的土质挖方路段边沟(排水沟),宜对边沟(排水沟)、土路肩采取石砌、现浇、预制块或旧路面混凝土板对其铺砌加固,提高公路抗水毁能力。

4 当道路穿越村屯、城镇时,应设置砖砌、石砌、现浇或预制混凝土半圆管等结构的排水沟,排水边沟底宽和沟深宜不小于0.4m。穿越较大城镇,可结合城镇建设采用暗排方式,为方便居民出行,局部边沟上应加铺带孔盖板。

5 挖方路堑边坡应根据地形条件及汇水面积等设置截水沟,截水沟设置位置应距坡顶3.0m以外。

4.10 路基防护

1 路基防护应针对不稳定的边坡、易受冲刷的路段，设置护坡、挡土墙、网箱等工程措施，保证路基稳定。

2 土质路基边坡原则上应以植草灌为主，填方较高或挖方较深路段采取浆砌片石或混凝土骨架结构等工程措施与植物防护相结合的综合防护形式，保证路基稳定。

3 石质挖方路段，在保证防护质量的情况下，应通过技术经济比较选择防护形式；石质风化严重的边坡适宜植物生长的应采用植物防护的形式；对于整体稳定岩石边坡，可不进行防护；坡面易风化、碎落等情况，或稳定性不足时，采用挂网、支挡等防护措施。

4 沿河路基易受水浸淹和冲刷的段落，除设置砌石挡土墙、浆砌片石、混凝土和生态砌块护坡外，宜设置石笼、抛石、丁坝、顺坝等必要的调治构造物，防止冲刷，增强路基的稳定性。

5 应结合路面养护改造，合理利用废弃水泥板用于护坡、码砌堤岸等路基防护工程。

6 挡土墙、网箱、石笼等防护工程设施要充分利用地产材料，如卵石、砂砾、片石等，合理降低工程造价。

4.11 改扩建路基

1 改扩建路基提级改造时应综合地形、地物、地质及占地等条件，合理确定加宽方案，加宽宽度小于 1.0m 时，宜采取单侧加宽。

2 对于路面破损严重需翻建段，应加强对原路基病害的处理，原路基填料及压实度要求应满足本指南上篇 4.5、4.6 节的要求，对原路基处理深度宜按 80cm 控制。同时完善路基防排水设施。

3 拓宽路基的基底处理、路基填料的最小强度和压实度等应满足改建后相应等级公路的技术要求。

4 拓宽改建路基的填料，宜采用透水性良好的填料进行填筑，对新旧路基衔接处，应采取必要的工程措施减小新老路基之间的差异沉降，防止产生纵向裂缝。

5 改扩建路基应在既有路堤坡面开挖台阶，台阶宽度不应小于 0.5m，当加宽拼接宽度小于 0.75m 时，可采取超宽填筑或开挖既有路堤等工程措施，以保证压路机的最小压实宽度。当采用小型振动压路机或小型夯机压实时，必须减少分层碾压层厚，每层填土厚度不大于 15cm。

6 地形特别险峻、工程量巨大、易发生塌方的改扩建路段，在满足车辆通行的前提下，可维持原路基断面。既有挖方边坡病害经多年整治已趋稳定的路段，改扩建时应减少拆除工程，不宜触动原边坡。

7 改扩建道路经过村镇段落，因高程受限需挖除原路面结构时，应加强对原旧路路床的处理，同时需完善两侧排水系统。

8 改扩建公路边通车边拓宽时,应采取有效的交通管制和安全防护措施。

4.12 路基施工质量控制要点

1 路基填筑前,对土质材料必须做液塑限试验,确定土类和塑性指数,确定其填筑性能。对不同填料必须分别进行标准击实试验,确定其最佳含水率和最大干密度。

2 路基填筑必须使用合格材料,严禁使用垃圾、腐殖土。路基填料内不得混有草皮、树根和超大粒径石块,确保填筑材料均匀。

3 路基压实机械宜选用自重不小于18t的振动压路机。

4 路基清表前应按设计断面宽度测量放线,并用白灰标识,沿白灰线进行地基表层处理。上料区应画网格、设置标识牌,填筑过程中靠边缘处应插杆挂线,土方填筑上料应按方格卸土,以便控制填筑宽度和厚度。

5 路基填筑必须坚持全幅分层填筑,分层碾压,严格控制碾压厚度;保证路基一次填筑宽度不得小于设计值;严格控制含水率,根据压实工艺严格控制摊铺厚度,并逐层检查压实度,确保路基压实度和压实均匀性。路基强度、稳定性和压实度达不到要求的路段不得铺筑路面。

6 填土摊铺整平后,应按照试验段确定的机械组合、碾压遍数和施工工艺进行碾压,碾压成型后路基表面应平整密实、路拱合适、排水良好。

7 路基施工期间,应合理修建临时排水沟,确保路基不受水浸泡、冲刷。

8 山区路基施工要确保上、下边坡稳定,设置适当的排水设施,确保排水通畅。

9 桥涵等构造物台后回填应使用透水性良好的材料(砂砾石、碎石),按每层压实厚度不大于15cm分层回填碾压,并应压(夯)实到设计要求的压实度。

10 路基防护工程的圬工砌体必须选用未风化、无水锈石料,强度及尺寸应满足设计要求;砂浆拌制必须采用重量法计量,机械拌和;石料砌筑前应洒水冲洗干净,按规范合理搭配,砂浆饱满;砌筑应紧密、错缝,严禁通缝、叠砌、贴砌和浮塞;外露面勾缝应均匀饱满,坡面应平顺;已完成砌体不得扰动,注意养护。

11 雨季施工应防止表面积水和渗水,遇雨时要及时检查,发现路槽积水尽快排除,防止路基泡软;因雨翻浆地段,必须换料重新施工,低洼处等不利地段,应优先安排施工。

5 路面工程

5.1 一般规定

1 路面设计应遵循路基、路面一体化综合设计的理念,调查掌握沿线路基特点,查明土质,确定路基干湿类型,在对不良地质路段处理的基础上,进行路基路面综合设计。

2 路面工程应遵循"因地制宜、就地取材、便于养护、结构耐久"的原则,积极采取新技术、新材料、新工艺,做到确保质量、资源节约、降低工程造价。

3 路面类型选择应综合设计使用年限,综合考虑建设、养护、管理等全寿命周期成本效益,并结合当地建设实际情况确定。

4 路面结构一般由面层、基层、底基层和必要的功能层组合而成,各结构层应充分利用当地材料。

5 路面结构设计标准轴载为轴重100kN的单轴-双轮组轴载。

6 农村公路路面结构类型选择应依据公路功能、行政和技术等级,结合交通量、自然环境、地产材料、工程造价、施工养护技术、耐久性、全寿命周期成本等因素进行综合论证后确定。

7 路面设计应重视材料的循环利用,鼓励开展旧沥青面层、破碎水泥混凝土板和旧基层材料的循环利用,充分利用废旧材料,节约资源,保护环境。

8 使用功能有特殊要求的农村公路,如重载车辆较多的厂矿区附近公路等应结合实际交通量及交通组成情况进行专项设计。

5.2 路面结构设计使用年限

路面结构设计使用年限见表5.2。

表5.2 路面结构设计使用年限(年)

路面类型	公路等级		
	二级	三级	四级
沥青路面	12	10	8
水泥路面	20	15	10

5.3 路基回弹模量

路基顶面回弹模量 E_0 应符合表 5.3 的规定。不满足要求时,应采取改变填料、设置粒料类或采用石灰、水泥处理等措施提高路基回弹模量。

表 5.3 路基顶面回弹模量要求(MPa)

路基干湿类型	干燥	中湿	潮湿
回弹模量	≥40	≥35	≥30

5.4 基层、底基层和功能层

为满足交通荷载要求,县道及沥青混凝土乡道路面结构应设置基层、底基层,乡道及村道水泥混凝土路面结构可不设底基层,但必须设置基层,同时应结合抗冻需求设置垫层。

5.4.1 基层类型及适用范围

1 基层一般采用水泥稳定碎石、水泥稳定砂砾、二灰稳定碎石、二灰稳定砂砾等半刚性基层。

2 底基层应遵循就地取材的原则,优先选用石灰稳定土、水泥稳定土、综合稳定土、符合级配要求的天然砂砾等,并通过试验确定合理的配合比。

3 县道和预测年平均日交通量(AADT)≥500 辆/日的乡村道路基层采用半刚性基层;预测年平均日交通量(AADT)<500 辆/日的乡村道路水泥混凝土路面可采用第 2 款中的底基层结构作为基层,白灰稳定土作为基层时,应设置粒料类垫层。

4 吉林省西部半干旱地区,筑路材料缺乏,通自然屯道路水泥混凝土路面基层可采用砂砾掺风积砂、泥结砂砾(砾石)。

5 白灰、水泥结合料受环境影响约束,对于缺砂少石地区,可结合路基填筑用土情况,在不提高工程造价的前提下可采用土质固化剂替代部分白灰、水泥结合料。

5.4.2 各类基层、底基层的压实最小厚度应符合表 5.4.2 的规定。

表 5.4.2 基层、底基层压实最小厚度

基层类型	压实最小厚度(mm)	基层类型	压实最小厚度(mm)
水泥稳定类	150	天然砂砾	80
石灰稳定类	150	砂砾掺风积砂	180
石灰工业废渣稳定类	150		

5.4.3 无机结合料稳定类材料用于基层时,集料公称最大粒径不宜大于 37.5mm,用

于底基层时,集料公称最大粒径不宜大于53.0mm。

5.4.4 各类无机结合料稳定类材料的配合比根据试验确定,7d 龄期无侧限抗压强度代表值应符合表5.4.4的规定。

表5.4.4 无机结合料稳定类材料的7d 龄期无侧限抗压强度标准

类 型	7d 龄期无侧限抗压强度标准(MPa)			
	基层		底基层	
	AADT≥3 000	AADT<3 000	AADT≥3 000	AADT<3 000
水泥稳定类	3.0~5.0	2.0~4.0	2.0~4.0	1.0~3.0
石灰粉煤灰稳定类	≥0.8	≥0.7	≥0.6	≥0.5
石灰稳定类	—	≥0.8	≥0.8	0.5~0.7

注:1. 石灰土强度达不到表5.4.4规定的抗压强度标准值时,可添加部分水泥。塑性指数过小的土,不宜用石灰稳定,宜采用水泥稳定。
2. 在低塑性土(塑性指数小于7)地区,石灰稳定砾石土和碎石土的7d 龄期无侧限抗压强度应大于0.5MPa(100g 平衡锥测液限)。
3. 石灰稳定类作底基层,低限用于塑性指数小于7的黏土,高限用于塑性指数大于或等于7的黏土。
4. 表中 AADT 表示年平均日交通量,单位为辆/日。
5. 石灰粉煤灰稳定材料强度不满足表5.4.4的要求时,可外加混合料质量1%~2%的水泥。

5.4.5 采用水泥稳定砂砾、二灰稳定砂砾时,需要严格控制砂砾级配,级配不符合现行《公路路面基层施工技术细则》(JTG/T F20)中推荐的级配范围要求时,应掺配碎石或破碎砾石,掺配比例根据试验结果确定。

5.4.6 对水泥稳定材料,水泥的最小剂量应符合表5.4.6的规定。材料组成设计所得水泥剂量少于表5.4.6中的最小剂量时,应按表5.4.6采用最小剂量。

表5.4.6 水泥的最小剂量(%)

被稳定材料类型	拌和方法	
	集中厂拌法	路拌法
中、粗粒材料	3	4
细粒材料	4	5

5.4.7 通往厂矿区、产业开发区等重载车比例较大的沥青路面,应设置双基层。

5.4.8 粒料类材料

1 天然砂砾用于基层时,CBR 值不应小于80。天然砂砾用于底基层时,对预测年平均日交通量(AADT)≥3 000辆/日,CBR 值不应小于80;对500辆/日≤预测年平均日交通量(AADT)<3 000辆/日,CBR 值不应小于60;对预测年平均日交通量(AADT)<500辆/日,CBR 值不应小于40。

2 粒料类材料用作基层时,公称最大粒径不大于37.5mm;用作底基层时,公称最大粒径不宜大于53.0mm。

3 细集料中小于0.075mm的颗粒含量应不大于20%,塑性指数应不大于12。不满足要求时,可加石灰、无塑性的砂或石屑掺配处理。

5.4.9 根据吉林省路面工程循环利用实际情况,旧沥青混合料和无机结合料稳定材料可作为三级及以上公路的底基层,四级公路的基层和底基层。

5.4.10 无机结合料稳定类基层或冷再生类材料与沥青面层之间宜设置封层,封层可采用热沥青碎石同步封层或乳化沥青稀浆封层。

5.4.11 沥青路面结构中,粒料类基层和无机结合料稳定类基层顶面宜设置透层,透层沥青应具有良好的渗透性,可采用稀释沥青和乳化沥青等。

5.4.12 沥青路面上、下面层之间应设置黏层,宜选用乳化沥青。

5.4.13 当路基为中湿或潮湿状态时,应按规定验算路面的防冻厚度。路面结构厚度小于最小防冻厚度时,应设防冻层。潮湿状态路段宜设置排水防冻层。防冻层材料可选用砂砾、碎石、石渣、矿渣、旧路铣刨料等水稳性好的材料,防冻层厚度不小于20cm,路面防冻层设计宽度应采用与路基同宽。

5.5 路面面层

5.5.1 路面面层类型选择

1 路面面层类型的选择结合吉林省农村公路实际情况,宜根据行政等级、技术等级划分,结合交通量、路面功能、自然条件、工程规模、经济对比和工程建设、养护条件综合确定。

2 县道由于等级较高,交通量较大,对路面平整度和行车舒适性要求较高,优先采用沥青混凝土路面,重载车辆比例较大的县道也可采用水泥混凝土路面。

3 乡道三级公路宜采用沥青混凝土路面,重载车辆比例较大的乡道也可采用水泥混凝土路面。

4 乡道四级公路及村道可根据当地建设、养护实际以及筑路材料和施工机械设备等情况,考虑行车舒适性及全寿命周期成本,可采用沥青混凝土路面,也可采用水泥混凝土路面。具有旅游功能的乡道四级公路及村道宜采用沥青混凝土路面。重载车比例较大的乡道四级公路及村道可采用水泥混凝土路面。

5 对经济条件受限的贫困地区、交通量较小、重载车较少的通屯道路,以及服务区、停车区、观景台、汽车停靠站等可采用水泥混凝土砌块路面。

6 通往山庄、水库等短距离的乡村旅游路段,结合沿线自然环境,可采用水泥混凝土砌块路面、轮迹路面等。

7 山区三、四级公路路线纵坡8%以上的路段,可采用摩阻系数较大的条石、块石路面。

5.5.2 沥青路面面层

面层一般采用各类普通密级配沥青混凝土,根据项目公路等级及交通量情况,合理确定沥青层厚度:

1 二级公路沥青路面面层厚度宜采用7.5cm～9cm[3.5cm～4cm细粒式沥青混凝土(AC-13)+4cm～5cm中粒式沥青混凝土(AC-16/AC-20)]。

2 三级公路沥青路面面层宜采用7.5cm[3.5cm细粒式沥青混凝土(AC-13)+4cm中粒式沥青混凝土(AC-16)]双层沥青混凝土或单层沥青混凝土[5cm～6cm中粒式沥青混凝土(AC-16)]。

3 四级公路沥青路面面层可采用5cm沥青混凝土(AC-16)。

5.5.3 水泥路面面层

1 水泥混凝土面板厚度

1)水泥混凝土面板厚度依据交通荷载等级经路面结构计算确定,各等级农村公路水泥混凝土板厚应符合以下规定:二级公路水泥混凝土板厚不应小于24cm,三级公路水泥混凝土板厚不应小于22cm,四级公路板厚不应小于20cm。

2)通往厂矿区、产业开发区等的重载车辆较多时,结合实际交通量、交通组成情况、轴载调查,进行专项设计。宜适当增加混凝土板厚度,不宜超过30cm,增加道路的耐久性。

2 水泥混凝土路面设计强度

水泥混凝土路面的设计强度以28d龄期的弯拉强度控制。农村公路的水泥混凝土弯拉强度标准值不得低于表5.5.3.2的要求。

表5.5.3.2 农村公路水泥混凝土弯拉强度标准值要求(MPa)

AADT(辆/日)	≥3 000	500≤AADT<3 000	<500
水泥混凝土的弯拉强度标准值	5.0	4.5	4.0

3 水泥混凝土的抗冻要求

县道二级及以上公路路面水泥混凝土抗冻等级不宜小于F250,混凝土应掺入引气剂,含气量不小于4%。

4 滑模摊铺机摊铺时混凝土工作性应符合表5.5.3.4-1的要求

表5.5.3.4-1 滑模摊铺混凝土工作性要求

混凝土种类	指 标		
	坍落度SL(mm)	侧向膨胀量(水平方向)(mm)	出浆量(kg)
出机混凝土	≤40	≤25	≥1.2
现场摊铺混凝土	≤30	≤20	≥1.0

注:出浆量及侧向膨胀量(水平方向)测试方法参见现行《公路工程水泥及水泥混凝土试验规程》(JTG E30)。

三辊轴机组施工时,应根据混凝土的运输方式设计混凝土的工作性,当采用不同运输工具时应满足表5.5.3.4-2的要求。

表5.5.3.4-2 三辊轴摊铺混凝土工作性要求

运 输 方 式	出机坍落度(mm)	摊铺坍落度(mm)	出机含气量(%)	现场摊铺含气量(%)
混凝土罐车运输	≤120	40~80	≥4.0	≥3.5
自卸车运输	50~80	40~50	≥3.5	≥3.0

5 水泥混凝土路面接缝技术要求

1)水泥混凝土路面应按规定设置纵向、横向与交叉口接缝,并明确相适应的接缝填缝材料。接缝设计应符合现行《公路水泥混凝土路面设计规范》(JTG D40)规定。

2)纵向接缝的布设应视路面总宽度、行车道及硬路肩宽度以及施工铺筑宽度而定。一次铺筑宽度小于路面宽度时,应设置纵向施工缝。纵向施工缝应采用设拉杆平缝形式。一次铺筑宽度大于4.5m时,应设置纵向缩缝;一次铺筑宽度等于4.5m时,宜设置纵向缩缝。纵缝应与路线中线平行。

3)每日施工结束或因临时原因中断施工时,必须设置横向施工缝,其位置宜选在缩缝或胀缝处。横向缩缝等间距布置,应采用假缝形式。在邻近桥梁或固定构造物处、与其他道路相交处、每条缩缝插传力杆普通混凝土路面连续长度超过500m时应设置横向胀缝。

4)普通水泥混凝土面层板长不宜大于5m,面层板的长宽比不宜超过1.35,平面面积不宜大于25m²。

5)胀缝接缝板应选用能适应混凝土板膨胀收缩、施工时不易变形、复原率高和耐久性好的材料,一般可选用木材类或纤维类板。

6)接缝填缝料一般可选用聚氨酯类、橡胶沥青类填缝料。

6 水泥混凝土路面抗滑构造

1)混凝土路面摊铺完毕,应拉毛做细观抗滑构造;宏观抗滑构造宜采用压槽、刻槽方式制作。急弯、陡坡(7%以上)、交叉口或集镇附近路段宜采用刻槽方式制作。宏观和细观两级抗滑构造深度应均匀,不应损坏构造边棱,不应影响平整度。

2)交工验收时构造深度要求:一般路段满足0.50mm~1.00mm,急弯、陡坡(7%以上)、交叉口或集镇附近路段满足0.60mm~1.10mm。

5.5.4 过水路面

对于季节性的宽浅河流及泥石流路段,三、四级公路在交通允许有限度的中断时,可修建过水路面。

1 过水路面整体要具有防水功能,路面宜采用水泥混凝土路面、基层采用灌浆片石或素混凝土。

2 过水路面应采用强度高、收缩性小、耐磨性强、抗冻性好的水泥,强度等级不得低于42.5级。

3 由于过水路面混凝土面层易破损,施工时需要选择合适的配合比,同时加强振捣,保证混凝土耐久性。

4 修建过水路面时要注意防止冲刷,一般可采用修建打入木桩拦水坝、消力坎或进行河道铺砌等措施。

5.5.5 水泥混凝土预制砌块路面

砌块层宜选择工厂预制的联锁型混凝土砌块进行铺筑。宜采用两面或四面嵌锁的长条形砌块,其最小宽度应不小于80mm,最大宽度应不大于120mm,长宽比宜为1.5~2.3,最小厚度应不小于80mm。砌块技术相关具体要求详见现行《农村公路砌块路面应用技术规范》(DB22/T 2778)。砌块的强度要求见表5.5.5。

表5.5.5 砌块的强度要求

抗压强度(MPa)		弯拉强度(MPa)	
平均最小值	单块最小值	平均最小值	单块最小值
50	42	5.0	4.5

注:1.砌块长边与厚度比小于5时,应按抗压强度控制;长边与厚度比大于5时,按弯拉强度控制。
　　2.重冻区,砌块的抗压强度应比表中要求值提高5.0MPa,弯拉强度应提高0.5MPa,吸水率应不大于6%。

5.6 最低路面结构组合要求

农村公路的路面结构组合设计应符合现行《公路沥青路面设计规范》(JTG D50)和《公路水泥混凝土路面设计规范》(JTG D40)的相关规定。根据交通量和路基状况等因素,结合路面材料特性和结构特性,选择路面结构组合,二、三级公路应开展路面结构验算。本着实用耐久、降低工程造价的原则,各等级农村公路的路面结构不宜低于表5.6中的结构组合要求。

表5.6 农村公路最低路面结构组合要求

行政等级	结构类型	交通量	路面结构组合
县道	沥青路面	AADT≥3 000辆/日	4cm 细粒式沥青混凝土(AC-13) 5cm 中粒式沥青混凝土(AC-20) 30cm 水泥(二灰)稳定粗集料 18cm 无机结合料稳定土
县道	沥青路面	AADT<3 000辆/日	3.5cm 细粒式沥青混凝土(AC-13) 4cm 中粒式沥青混凝土(AC-16) 25cm 水泥(二灰)稳定粗集料 16cm 无机结合料稳定土

续表 5.6

行政等级	结构类型	交通量		路面结构组合
县道	水泥路面	AADT≥3 000 辆/日		24cm 水泥混凝土 25cm 水泥(二灰)稳定粗集料 18cm 无机结合料稳定土
县道	水泥路面	AADT<3 000 辆/日		24cm 水泥混凝土 20cm 水泥(二灰)稳定粗集料 16cm 无机结合料稳定土
乡、村道	沥青路面	500 辆/日≤AADT<3 000 辆/日		3.5cm 细粒式沥青混凝土(AC-13) 4cm 中粒式沥青混凝土(AC-16) 25cm 水泥(二灰)稳定粗集料 16cm 无机结合料稳定土/20cm 天然砂砾
乡、村道	沥青路面	AADT<500 辆/日		5cm 细粒式沥青混凝土(AC-16) 20cm 水泥(二灰)稳定粗集料 16cm 无机结合料稳定土/18cm 天然砂砾
乡、村道	水泥路面	500 辆/日≤AADT<3 000 辆/日		22cm 水泥混凝土 20cm 水泥(二灰)稳定粗集料
乡、村道	水泥路面	AADT<500 辆/日		22(20)cm 水泥混凝土 18cm 无机结合料稳定土/18cm 砂砾掺风积砂/18cm 泥结砂砾(砾石)/18cm 粒料类材料

注:1.石质挖方段可不设底基层,路床顶面应设置整平层。整平层可采用 10cm 以上碎石或基层厚度平均增加 5cm。

2.表中括号内数据是指村道 AADT<500 辆/日情况下最低水泥混凝土板厚要求。

3.当路基为中湿或潮湿状态时,应进行防冻厚度验算,路面结构厚度小于最小防冻厚度时,应设防冻层。

5.7 路面加宽技术要求

路面加宽应根据旧路使用功能、交通量、技术等级、使用状况、地形、地质、材料和可选施工方法等综合因素合理考虑路面类型及加宽方式。

1 在原有道路进行加宽前,应对旧路面进行路面状况调查与评价,确定评价等级,查明现有病害类型,拟定处治方案,确保原有道路的承载能力满足使用功能要求。

2 路面加宽主要有单侧加宽和双侧加宽两种方式。对于一般路段,尽可能采取单侧加宽,减少拼接范围,减少对原有道路的交通干扰;部分路段因涉及控制性构造物、房屋拆迁、路侧深沟等原因,可选择两侧加宽方案。

3 加宽成双车道的四级公路,加宽部分可按原有路面类型实施。

4 交通量较小,地方经济能力较弱的地区,加宽部分小于或等于1m,可采用简易路面,如沥青表处、现浇素混凝土等。

5 水泥路面加宽宽度小于或等于1m时,纵缝可不设拉杆,大于1m时,纵缝应设置拉杆。

6 加宽水泥混凝土面板的强度、厚度、路拱、横缝等均应与原旧路相同。

7 加宽的基层强度不得低于原有路面的基层强度。

5.8 路面材料

路面材料主要包括沥青、水泥、集料、石灰、粉煤灰等。在进行配合比设计前,所有材料均需检验。路面材料指标要求见表5.8。

表5.8 路面材料指标要求

材料类型	相关要求
水泥面层集料	面层用粗集料宜为连续级配,最大公称粒径不宜大于31.5mm,碎卵石和卵石的最大粒径不应大于26.5mm。粗集料至少由两档单粒级碎石合成。细集料为天然砂和机制砂,宜采用质地坚硬、耐久、洁净的天然砂,粗、细集料技术指标应符合现行 JTG/T F30 的要求
水泥	面层用水泥宜采用普通硅酸盐水泥,水泥强度等级不低于42.5级;基层用水泥强度等级不低于32.5级的缓凝水泥,胶砂强度、安全性、凝结时间等指标必须符合国家标准规定
石灰	石灰质量必须满足Ⅲ级以上
粉煤灰	粉煤灰中 SiO_2、Al_2O_2 和 Fe_2O_3 总含量应大于70%,烧失量不应超过20%,比表面积宜大于2 500cm^2/g,湿粉煤灰含水率≤35%。混凝土路面在掺用粉煤灰时,应掺用Ⅰ级或Ⅱ级粉煤灰
沥青	沥青混凝土路面采用90号道路石油沥青,二级及以上公路有经济条件的可选用改性沥青,相关指标应符合规范要求
沥青面层集料	应采用石质坚硬、清洁、不含风化颗粒,其压碎值、针片状、磨耗值、砂当量、坚固性、黏附性等指标均要满足规范规定

5.9 路面施工质量控制要点

1 路面原材料应按照规范要求的试验项目和频数进行及时的质量控制,一些重要指标必须符合规定要求。外购原材料必须进行试验,质量不合格材料不得进场使用;自采材料必须经试验验证,保证材料规格和质量符合标准。

2 路面面层施工应突出强调强度、均匀性及耐久性的质量管理,要严格按有关规范加强质量控制。

3 基层、底基层为水泥稳定材料时,应采用集中厂拌;其他各种无机结合料稳定材料推荐采用集中厂拌,也可采用人工路拌,路拌法施工时必须保证拌和深度,不得留有夹层;基层完工后应及时养护。

4 面层、基层、底基层正式施工前,均应铺筑试验段,试验段应设在生产路段上,长度宜为100m～200m。

5 路面面层施工过程中要加强对交通的疏导与管制,严格控制开放交通时间。

6 沥青路面不得在气温低于5℃,以及雨天、路面潮湿的情况下施工。

7 采用沥青混凝土结构时,应严格控制拌和、摊铺、碾压等关键工序。沥青混合料的矿料级配应符合工程规定的设计级配范围,混合料的生产温度、出厂温度、摊铺温度应符合要求,摊铺过程中必须缓慢、均匀、连续不间断地摊铺,不得随意变换速度或中途停顿,以提高平整度,减少混合料的离析,摊铺过程中应随时检查摊铺层厚度及路拱、横坡等。

8 沥青路面的施工应接缝紧密、连接平顺,不得产生明显的接缝离析。压实成型的沥青路面应符合压实度、弯沉、厚度、宽度及平整度、中线偏位、纵断高程、横坡等指标的要求。

9 水泥混凝土路面施工过程中,铺筑现场发生影响铺筑面层质量的瞬间强风、下雷阵雨或冰雹时,应即刻停工;高温期宜选择在早晨、傍晚或夜间施工,避开中午高温时段施工;低于5℃时不得施工。

10 二、三级公路水泥路面宜使用滑模摊铺机、轨道摊铺机、三辊轴机组、小型机具;四级公路不宜使用滑模摊铺机、轨道摊铺机,应使用三辊轴机组、小型机具。

11 采用水泥混凝土路面结构时,应严格控制拌和时间,要求全部原材料到齐后的最短纯拌和时间不宜短于40s,最长总拌和时间不应超过180s。为保证水泥混凝土拌和均匀、配比准确,推荐采用强制式并配有精确电子称量设备的拌和设备。

12 施工配合比应以室内配合比为理论基础,根据原材料波动、含水率、搅拌制式、施工季节、气温和运距等的变化,通过微调外加剂的掺量、砂率、单位用水量,满足摊铺现场施工工艺的要求,并通过铺筑试验段进行检验和比较,择优选定。

13 水泥混凝土路面采取人工摊铺的,严禁抛掷和搂耙,以防混合料离析。根据摊铺宽度,采用振捣棒、振捣板、振捣梁等合适的振捣机具,保证振捣时间和密实性。

14 路面混凝土硬化后,应采用覆盖养护,以不压坏细观抗滑构造开始。覆盖宽度应大于路面宽度1 000mm。搭接覆盖的宽度不应小于300mm,养护期间应始终保持完整盖满。各级公路混凝土路面应使用养护材料覆盖并及时洒水的方式养护,确保混凝土表面始终处于潮湿状态。路面混凝土一般养护天数宜为14d～21d,高温天气不宜少于14d,低温天气不宜少于21d。

15 当混合料养护达300温度小时应切纵横接缝,接缝采用假缝形式,切缝深度为1/3板厚,宽度为3mm～8mm。切缝不应有错位弯曲现象。水泥混凝土路面开放交通前必须进行灌缝,缝内应采用专用填缝料灌填。

16 成型的混凝土路面检验应检查路面宽度、厚度、平整度。外观要求无蜂窝、麻面、裂缝、脱皮、缺边、掉角、露石等现象。用3m直尺检验平整度,要求80%合格率。

6 桥梁涵洞

6.1 一般规定

1 农村公路桥涵建设应遵循安全、适用、经济、耐久的原则,考虑因地制宜、就地取材、便于施工和利于养护等因素进行设计。

2 根据农村公路的等级、功能要求和发展需要合理选择桥涵形式和结构。新建桥涵宜采用跨径标准、技术成熟、经济实用的现浇或装配式梁板结构。

3 桥位的选择应路桥综合考虑,保证行车顺适和安全。中小桥、涵洞的位置应服从路线走向,特大、大桥桥位原则上服从路线总体走向,尽量避免在曲线、与河流斜交角度过大处布设桥位。桥位宜选择在河道顺直、水流稳定、地质良好的河段上。

4 桥涵应充分考虑河流泄洪,合理确定桥梁规模、基础形式及埋置深度,加强桥涵结构及桥头引道路基的防护,提高桥涵抗冲刷、抗水毁能力。

5 农村公路建设危桥改造、窄桥改建、涵改桥,应根据水文地质条件、原桥使用状况等因素以及所在公路的使用功能确定原有桥梁的利用改造、改建方案。

6 桥涵设置应满足路基综合排水和农田排水灌溉的需要。

7 为完善路网功能和服务水平,在具备条件的情况下应逐步将渡口改造为永久性桥梁。

8 当过水路面漫水过深,阻车时间过长、过于频繁时,应将过水路面逐步改建为桥梁,以提高通行能力。

6.2 桥涵设计荷载

1 各级农村公路桥涵设计的荷载等级应符合表6.2.1的规定。

表 6.2.1 汽车荷载等级

公路等级	二级公路	三级公路	四级公路
汽车荷载等级	公路-Ⅰ级	公路-Ⅱ级	公路-Ⅱ级

注:三、四级公路新建特大桥及三级公路重载车辆较多的新建大桥,应采用公路-Ⅰ级;有特殊荷载需求的其他规模桥梁,宜采用公路-Ⅰ级。

2 人群荷载

1)桥梁计算跨径小于或等于50m时,人群荷载标准值为$3.0kN/m^2$。

2)桥梁计算跨径大于或等于150m时,人群荷载标准值为$2.5kN/m^2$。

3) 桥梁计算跨径大于 50m、小于 150m 时,可由线性内插得到人群荷载标准值。跨径不等的连续结构,采用最大计算跨径的人群荷载标准值。

4) 行人密集地区的桥梁,人群荷载标准值为上述标准值的 1.15 倍。

6.3 桥涵净空

1 桥涵设计洪水频率应符合表 6.3.1 的规定。

表 6.3.1 桥涵设计洪水频率

公路等级	设计洪水频率				
	特大桥	大桥	中桥	小桥	涵洞及小型排水构造物
二级公路	1/100	1/100	1/100	1/50	1/50
三级公路	1/100	1/100	1/50	1/25	1/25
四级公路	1/100	1/100	1/50	1/25	1/20

注:二级公路特大桥在河床比降大、易于冲刷的情况下,宜提高一级设计洪水频率验算基础冲刷深度。

2 桥面净宽按表 6.3.2 执行,如有特殊需要可结合城镇规划和路网升级改造规划需求确定。

表 6.3.2 公路与桥梁宽度对应表

行政等级	技术等级	设计速度(km/h)	车道数	路基宽度(m)	路面宽度(m)	土路肩宽度(m)	桥面净宽(m)
县道	二级公路	60	2	10.0	8.5	0.75	净-8.5
	三级公路	40	2	8.5	7.0	0.75	净-8.0
		30	2	7.5	6.5	0.50	净-7.0
乡道	三级公路	40	2	8.5	7.0	0.75	净-8.0
		30	2	7.5	6.5	0.50	净-7.0
	四级公路	30	2	7.5	6.5	0.50	净-7.0
		30 或 20	1	6.5	5.0	0.75	净-7.0(6.0)
村道	四级公路	30	2	7.5	6.5	0.50	净-7.0
		30 或 20	1	6.5	5.0	0.75	净-7.0(6.0)
			1	5.5	4.5	0.50	净-7.0(6.0)
			1	4.5	3.5	0.50	净-7.0(6.0)

注:1. 对于单车道农村公路,考虑到桥梁作为永久性建筑,可将桥面宽度适当增加。括号内数字适用于一定时期没有扩建需求且经济受限的情况。

2. 三、四级公路特大、大桥净宽标准宜提高一级,应做好与路基过渡设计。

3 位于城镇、村屯、景区附近等人口密集路段的特大、大、中桥梁宜设置人行道,宽度不小于 0.75m。

4 跨越河流桥梁桥下净空应根据计算水位加安全高度确定,河流中有漂浮物或有淤塞时,桥下净空应适当加大,必要时应修建调治构造物。分离立交桥梁桥下净空应满足现行《公路工程技术标准》(JTG B01)中公路建筑限界的要求。

6.4 桥涵设计使用年限

桥涵主体结构和可更换部件的使用年限不应低于表6.4的规定。

表6.4 桥涵设计使用年限(年)

主 体 结 构			可更换部件
特大桥、大桥	中桥	小桥、涵洞	护栏、伸缩缝、支座
100	50	30	15

6.5 桥涵混凝土耐久性要求

1 混凝土材料抗冻设计可参照现行《公路工程混凝土结构防腐蚀技术规范》(JTG/T B07-01)有关规定执行,并参考现行《季节性冻土地区公路设计与施工技术规范》(JTG/T D31-06)的有关条款。水泥混凝土的抗冻等级要求见表6.5.1。

表6.5.1 水泥混凝土的抗冻等级要求

部　位		结构混凝土		
		冻融环境等级	设计使用年限(年)	抗冻等级
水位变动区	特大、大桥	D4	100	F350
	中桥	D4	50	F300
	小桥、涵洞	D4	30	F250
非水位变动区	特大、大桥	D3	100	F300
	中桥	D3	50	F250
	小桥、涵洞	D3	30	F200
桥面现浇混凝土、混凝土护栏、护栏底座		D6	30	F350

2 应加强地下水的腐蚀性分析,在路线选线、桥梁布跨、基础选择等方面主动避开对结构具有强腐蚀性影响的位置,以保证结构的耐久性。

3 处于受除冰盐作用环境中的结构混凝土表面进行防腐处理,具体部位包括伸缩缝、护栏底座、防撞墙、护轮带及伸缩缝处墩台帽顶面和侧面等。边梁翼缘板应设置滴水沿,防止水流沿表面流淌。

6.6 桥梁结构设计

1 桥梁上部宜采用梁板式现浇或装配式结构,鼓励开展标准化设计。跨径8m及以下宜采用钢筋混凝土现浇板;跨径10m宜采用钢筋混凝土空心板梁;跨径13m~16m采用预应力混凝土空心板梁;跨径20m~35m采用预应力混凝土先简支后连续箱梁或T梁;

跨径 40m 采用预应力混凝土先简支后连续 T 梁。

2　空心板梁结构桥面整体化混凝土层厚度应为 12cm,并且采用双层配筋;预制箱梁或 T 梁结构桥面整体化混凝土层厚度宜为 10cm。

3　下部结构宜采用圆柱式桥墩或薄壁桥墩,轻型桥台或柱式、肋板式桥台,轻型桥台应设置基础支撑梁及河底铺砌。

4　为提高桥梁抗水毁能力,应结合地质情况,优先选用桩基础等深基础。

5　桥梁宜设置桥头搭板,搭板垫层结合实际情况采用素混凝土或水泥稳定砂砾(或碎石)等材料铺筑。

6　锥坡基础埋深应满足冻深要求,若无防护时,应位于桥台冲刷深度以下 50cm。

7　在洪水泛滥范围内的锥坡和引道的坡面应进行防护,防护高程应结合设计水位和安全高度确定。

6.7　桥面系构造

1　桥面铺装可采用水泥混凝土或沥青混凝土,并设置完善的桥面防水、排水系统,特大、大桥桥面防水推荐采用改性沥青同步碎石封层或沥青砂防水层,中、小桥宜采用改性沥青等防水材料。

2　沥青混凝土桥面铺装厚度宜结合路面结构和厚度确定,二级公路上桥面铺装层厚度不宜小于 7cm,二级以下公路桥面铺装层厚度不宜小于 5cm。

3　水泥混凝土桥面铺装应采用防水混凝土,厚度不宜低于 8cm,混凝土强度等级不应低于 C40,水泥混凝土铺装层内应设置钢筋网,钢筋直径不小于 8mm,间距不宜大于 100mm。

4　桥面防水、排水、桥面伸缩装置和支座等应符合现行《公路桥涵设计通用规范》(JTG D60)等规定,经过水源地、对水体有特殊要求的保护区或跨越二级及以上敏感水体的桥梁,需设置必要的桥面径流汇集引排水系统。

5　桥梁应根据安全要求设置防护设施,各等级公路桥梁均应按规定设置防护护栏,特大、大、中桥推荐采用金属梁柱式护栏,小桥可采用波形梁护栏或者混凝土护栏,并应做好桥梁护栏和路侧护栏的衔接过渡桥梁护栏防护等级见表 6.7.5。当设有人行道时需通过高度大于 25cm 的路缘石将人行道和车行道分离,人行道栏杆高度不应低于 1.1m。

表 6.7.5　桥梁护栏防护等级选取

公路等级	设计速度(km/h)	车辆驶出桥外或进入对向行车道的事故严重程度等级	
		高:跨越公路、铁路或饮用水源一级保护区等路段的桥梁	中:其他桥梁
二级公路	60	四(SB)级	三(A)级
三级公路	40、30	三(A)级	二(B)级
四级公路	30、20		

注:因桥梁线形、桥梁高度、交通量、车辆构成、运行速度或其他不利现场条件等因素易造成更严重碰撞后果的路段,经综合论证,可在表 6.7.5 的基础上提高 1 个或以上等级。

6.8 既有桥梁利用

1 原有桥梁应本着安全、经济的原则合理安全利用。桥梁应进行专业技术检测,评定其技术状况,达不到荷载等级的可采取加固、部分利用、限载或拆除新建等方案。

2 通过检测评定能够满足原设计荷载标准要求的桥梁,可直接利用,当三、四级公路需要提高等级时其极限承载能力应满足或采取加固措施后满足现行标准的要求。

3 应对拼接加宽利用的原有桥梁进行检测评定,并满足原设计荷载标准要求,且其极限承载能力满足或采取加固措施后满足现行标准的要求。

4 旧桥加宽原则上应采用单侧加宽,宜采用与原有桥梁相同(或相近)的结构形式、跨径,并使新旧桥梁共同受力,提倡桥梁加宽与加固同步进行。桥梁拼接加宽宜采用上部连接、下部分离方式。

5 预制T梁、空心板、小箱梁等宜采用拼接组合式,接缝宽度宜大于15cm。小规模的扩宽,可采用整体式桥面板悬挑的方式。为减小混凝土收缩徐变对桥梁加宽拼接的影响,应加强连接构造设计和连接施工措施。

6 为避免基础沉降对桥梁加宽拼接的影响,可采取加长桩长、桩底压浆等技术措施。

7 拼接桥的伸缩缝宜整体更换,当伸缩装置采用接长方式时,橡胶条应整体更换,伸缩缝型钢应连接,并加强锚固钢筋配置。接缝位置应避开轮迹带。

8 技术状况良好,因特殊原因不能加宽、提载的桥梁可维持原标准使用,但其两端应按实际承载能力设置限制质量、限制轴重标志,并设置路基过渡段和窄桥标志等其他必要的交通安全设施。

9 经技术鉴定为危桥应及时进行重建或改建,现存临时性桥梁应逐步改造为永久性桥梁。

6.9 涵洞设置

1 涵洞设置应充分考虑农田排灌、河沟和路基路面排水等需要。根据当地材料采用经济适用、方便施工与养护的结构形式,宜采用盖板涵、圆管涵、拱涵等经济适用的形式,盖板涵净跨径应不小于1.0m,圆管涵净跨径不宜小于0.75m。

2 涵洞位置、轴线方向及跨径拟定需满足设计流量的宣泄,使水流畅通,做到"进口要顺、水流要稳",不发生斜流、漩涡现象,以免冲刷洞口、端墙、路基等。

3 涵洞应设置涵底铺砌,洞身及洞口端墙基础埋深应满足抗冲刷及抗冻要求。

4 涵洞宜采用暗涵,当受高程限制,涵顶填土无法满足最小厚度要求时,可按盖板明涵设置,明涵应设置搭板。

5 涵洞台身、八字墙及基础在石料丰富地区可采用浆砌块(片)石。

6 高斜坡路堤段设置涵洞时,应对基底进行可靠处理,防止涵洞不均匀沉降,并做好涵底防水设计。

7 在利用原有涵洞接长时,接长部分涵洞应采用与原涵洞相同跨径和结构形式,并应保证高程和涵底纵坡与地面高程和原涵底高程顺适。

8 当现有涵洞无法满足排水要求时,可通过加大涵洞跨径、改变涵洞结构形式、涵改桥等措施,以满足排水需求。

6.10 其他附属设施

1 特大桥和大桥应设置永久性观测点。特大、大、中桥桥墩旁边必要时可设置水尺或标志。

2 特大、大桥应根据需要设置必要的检查平台等设施,桥台梁底至地面高度大于3m时,锥坡前溜坡应设置一道检修平台,检修平台距梁底高度可按1.8m设计。

3 为便于桥梁的检查、养护及维修,桥头引道填土高度大于3m应设置踏步。

4 桥梁在跨越公路和铁路部分应结合被交叉路路幅组成设置防抛网。

6.11 桥涵施工质量控制要点

1 施工放样测量需设置临时控制点时,其精度应符合相应等级的精度要求,并应与相邻控制点闭合。

2 加强原材料质量控制,水泥、钢材、碎石、砂、石料等必须经过试验,不合格材料不得进场使用。

3 要合理确定混凝土或砂浆的配合比,切实加强水泥混凝土的制备、运输、浇筑质量控制、养护质量。

4 混凝土组成材料的外观及配料、拌制,应根据相关技术标准、试验要求进行抽样试验。

5 混凝土强度应制取标准试件检验其在标准养护条件下28d的抗压强度,保证混凝土强度符合设计要求。

6 模板宜采用钢材、胶合板或其他适宜的材料制作,施工模板应有足够的刚度、平整度,支撑牢固不漏浆;支架宜采用钢材或常备式定型钢构件等材料制作。

7 钢筋混凝土钢筋直径、数量、间距,钢筋加工、焊接、使用焊条质量均应满足规范规定。

8 桩基础施工应根据孔径、孔深、桩位处的水文和地质情况、施工环境条件等因素综合确定钻机;在清孔排渣时必须保持孔内水头,防止坍孔,不得用加深钻孔深度的方式代替清孔。

9 墩、台身施工前,应对其施工范围内的基础顶面的混凝土进行凿毛处理,并应将表面的松散层、石屑等清理干净;对分节段施工的墩、台身,其接缝亦应作相同的凿毛和清洁处理。

10 桥涵及其他构造物处的填料,宜采用砂类土或渗水性土;填料应分层填筑,每层松铺厚度不宜超过 15cm,结构物处的压实度要求从填方基底或涵洞顶部至路床顶面均达到 96%。

11 支座垫石顶面要求高程准确、表面平整,同一墩台上每片梁的支承垫石相对水平误差应控制在 3mm 之内;支座要求水平放置,当墩、台垫石高程有误差时,应及时调整,严格限制支座脱空使用。

12 主梁钢筋在绑扎、安装时宜采用定位架准确定位,伸缩装置及防护护栏预埋钢筋、翼缘板湿接缝环形钢筋宜采用辅助措施进行定位;横隔板钢筋宜采用定位架安装,确保位置、间距符合设计要求。

13 预应力结构应严格按规范控制质量。预应力筋张拉时混凝土强度应符合设计要求;预应力筋的张拉顺序应符合设计要求;预应力筋张拉后,应及时进行孔道压浆,水泥浆的强度应符合设计要求,设计无要求时不得低于 30MPa。推荐采用智能张拉系统、循环压浆工艺进行施工。

14 主梁堆放时应保证其稳定性,必要时采取支护措施,防止倾覆。

15 预制梁安装时应准确就位、与支座密贴,就位不准确调整梁纵、横向位置时,严禁仅吊起一端用撬棍移动预制梁,应整体二次垂直起吊移动后再落下,保证支座均衡受力,避免损坏支座。

16 铺设防水材料前应清除桥面的浮浆和各类杂物;防水层在横桥向应闭合铺设,底层表面应平顺、干燥、干净;防水层不宜在雨天或低温下铺设;防水层施工完成后,在未达到规定的时间内,不得开放交通。

17 伸缩装置预留槽口的尺寸应符合设计规定,锚固钢筋的位置应准确。

18 新建拼宽部分桥梁施工时由于距旧桥较近,应注意对旧桥的保护,特别涉及下部结构与基础施工时,应对旧桥及其地基进行严格监控。

19 拼宽桥基础施工,宜采用人工挖孔、旋转钻孔,静压钢管等振动小的施工方式以减小对旧桥的扰动,防止开挖过程中的涌水、涌砂,控制旧桥基础沉降。

20 拼宽桥新旧混凝土接缝宜延迟接缝浇筑时间,在拼宽施工的最后阶段浇筑,使新建部分桥梁的沉降充分发展,以减小连接部位的附加内力,避免开裂。

21 接缝混凝土宜添加微膨胀剂,其浇筑宜采用分段浇筑,以减少收缩裂缝。

22 桥梁拼宽施工旧桥仍需要保障通行时,接缝混凝土浇筑到终凝的时间段内,应控制行车导致的旧桥振动,接缝处的振幅不宜超过 2mm,且接缝混凝土等级宜提高一级。可采取增设接缝支撑、低速行车、重车禁行、铺设隔振垫等方式控制振动。

23 涵洞施工时应加强地基及基础的验收。管涵基础的顶面应设置混凝土管座,管座的弧形面应与管身紧密贴合,使管节受力均匀。

7 隧 道 工 程

7.1 一 般 规 定

1 三级及以下农村公路应尽量避免修建隧道工程,如有特殊要求需设置隧道时,应通过与展线方案进行充分的技术、经济论证后确定,并应控制隧道规模,以采用中、短隧道为宜。

2 农村公路隧道建设应根据其所处的工程地质和水文地质等情况,综合考虑施工、运营、养护管理条件,遵循"安全、经济、适用、环保"的原则。

3 农村公路改建时对既有隧道应尽量利用,利用前应对隧道的技术状况进行评价与鉴定,并采取有效措施,保证主体结构的强度、稳定和耐久性。

7.2 隧道技术指标

1 隧道洞外平、纵面应尽量做到与隧道内线形协调。

2 应根据地质、地形、路线走向等因素确定隧道的平面线形。当隧道内设为曲线时,不宜采用设超高、加宽的平曲线。

3 隧道内的纵断面线形,应考虑行车安全、营运、通风设备、施工效率和排水要求,隧道纵坡不应小于0.3%,最大纵坡不应大于3%,短于100m的隧道不受此限。

4 地形条件或其他条件受到限制时,隧道区段的设计速度与运营限速可适当降低。

5 单车道三、四级公路隧道应按双车道相应公路等级标准修建。

7.3 衬砌结构设计

1 隧道衬砌结构应综合考虑地形、地质条件、埋深、断面形状、施工条件等因素,洞口段可采用整体式或复合式衬砌,洞身段根据情况可采用喷锚衬砌和复合式衬砌。

2 浅埋、偏压及不良地质区段需进行特殊结构设计。

3 隧道衬砌混凝土强度等级不应低于C30,混凝土抗冻性的耐久性指数不小于70%。

7.4 隧道防水与排水

1 隧道防排水设施设置应遵循"因地制宜,防、排、截、堵相结合"的原则。

2 新建隧道应重视防排水设计,条件具备的,应采用全断面防排水措施,否则,应对基岩裂隙水进行洞内疏导和洞外拦截等综合措施,保证隧道结构和行车安全。

3 当遇有大量排水会危害环境时,应采用限量排水方案。

7.5 隧道路面

中、短隧道路面与洞外路面面层类型一致。

7.6 其 他

1 二级、三级、四级公路上的短隧道可不设照明设施。当隧道不设照明设施时,应加强视线诱导等安全设施设置。

2 隧道工程应拟定发生交通或火灾事故的应急处理预案。

8 交叉工程

8.1 公路与公路平面交叉

8.1.1 一般规定

1 根据相交公路的行政等级、技术等级、交通量、地形、用地条件、经济和环境等因素,结合公路网现状和规划,合理确定平面交叉位置、形式、规模。

2 平面交叉应选在地形和视距良好、平纵面线形指标较高的路段。平面交叉的岔数不应多于四条。新建公路不应直接与已建的四岔或四岔以上的平面交叉相连接。

3 公路平面交叉的交叉角宜为直角并避免错位交叉、多位交叉和畸形交叉。斜交时,其锐角应不小于70°;受地形条件或其他特殊情况限制时,应大于45°;若交角过小,则次要公路在交叉前后一定范围内应做局部改线。

4 为保证交通安全,应合理控制平面交叉数量。既有公路改扩建时,平交口密集路段应与沿线村屯充分协商,在满足生产、生活需要的前提下,对平交口进行合理的取舍或归并,确保主路路权,有利于行车安全。

8.1.2 二级公路的平面交叉必须进行渠化设计;三级公路的平面交叉应进行渠化设计;四级公路的平面交叉宜进行渠化设计。渠化设计应根据交叉形式、交通管理方式及转向交通量、设计速度等因素,采用加铺转角、加宽路口、设置分道转弯和交通岛等方式。

1 加铺转角式平面交叉

加铺转角式适用于车速低、交通量小、转弯车辆少的四级公路及信号控制交叉,转弯速度一般为10km/h~15km/h,四级公路与四级公路、等外公路交叉处加铺转角半径不宜小于7m,其他等级公路交叉处加铺转角半径不宜小于10m。

2 加宽路口式交叉

加宽路口是在交叉口处按照转弯交通需求增设左或右转弯车道等附加车道的渠化交叉,减少转弯交通对直行交通的干扰。加宽路口式交叉适用于交通量较大、转弯车辆较多的二、三级公路。

3 设置分道转弯和交通岛式交叉

分道转弯式交叉为相交公路等级较高或交通量较大时,采用分隔岛、导流岛指定各向车流行径的渠化交叉。适用于车速较高、转弯车辆较多的二级公路,可提高右转弯车速和通行能力。

主要公路直行交通量不大,而与次要公路间交通转换比例较高的,只需在次要公路上设置分隔岛。主要公路直行交通量大时,主要公路与次要公路均设置分隔岛;主要公路为二级公路时,路面宽度内不得设置实体岛,渠化岛均以划线示意。

8.1.3　平面交叉处公路的线形

1　平面交叉范围内两相交公路平面线形宜为直线或大半径圆曲线。

2　次要公路紧接交叉处应设置不小于10m的缓坡段,缓坡段的纵坡应在0.5%～2%之间。

3　当主要公路在交叉范围内设有超高时,次要公路的纵坡应服从主要公路的横坡。若次要公路在交叉前后相当长的范围内纵坡的趋势与主要公路的横坡相反,则次要公路在引道的一定范围内应设置S形竖曲线。

8.1.4　转弯设计

1　平面交叉转弯曲线的线形及路幅宽度应根据设计车辆的转弯行迹确定。

2　转弯曲线所采用的设计车辆及设计速度应符合下列规定:

1)左转弯曲线应采用载重汽车的行迹控制设计,转弯设计速度宜采用5km/h～15km/h。大型车比例很少或条件受限的公路,可采用5km/h速度时载重汽车的行迹控制设计,但左转弯内缘曲线的最小半径不应小于12.5m。

2)渠化交叉中,在设置分隔的右转弯车道的情况下,应按20km/h～30km/h控制转弯速度。

8.1.5　平面交叉视距要求

1　两相交公路间,由各自停车视距所组成的通视三角区内不得存在任何有碍通视的物体。

2　条件限制不能保证由停车视距所构成的通视三角区时,应保证主要公路的安全交叉停车视距和次要公路至主要公路边车道中心线5m～7m所组成的通视三角区。

8.1.6　交叉口改移时,被交叉农村道路改线段不应低于原标准,并应不低于四级公路标准。

8.1.7　农村公路与无路面的等外公路交叉,应对公路路基边缘外侧的被交叉道路不小于10m范围内进行硬化处理。对于交通量不大的机耕路或农田作业路可采用砂砾、山皮石及废旧材料等进行硬化。

8.2　公路与公路立体交叉

各级农村公路与高速公路相交叉时,必须设置立体交叉;立体交叉形式可根据具体情况采用互通式立体交叉或分离式立体交叉。

8.3 公路与铁路交叉

1 乡、村道路布设应尽量避免与铁路交叉。

2 新建各级农村公路与铁路交叉,原则上应设置分离式立体交叉。原有公路与铁路平交时,力争在一定时期内综合考虑改建为分离式立体交叉。

3 对既有农村公路、铁路道口改建分离式立体交叉时,应根据地形条件确定公路与铁路的跨越方式;公路如需要下穿铁路时,应提出可靠的施工方案,并有效解决路堑防护及排水问题,下穿通道应采用钢筋混凝土框架结构。

4 跨越铁路的立体交叉位置、净空、净宽、桥梁孔跨布置等技术方案应满足铁路部门要求。

8.4 公路与管线交叉

1 公路与架空输电线路相交,以正交为宜;必须斜交时,其交叉的锐角应大于45°。

2 公路与天然气输送管道、输油(水)管道交叉时,以正交为宜;必须斜交时,其交叉的锐角不宜小于30°。管道与各级农村公路相交叉且采用下穿方式时,应设置套管,并应按相应公路等级的汽车荷载等级进行验算,穿越公路的保护套管的顶面距路面底基层底面应不小于1.0m。

3 严禁易燃、易爆、高压等管线设施利用或通过农村公路桥梁。输送有毒有害、易燃易爆物质的管线穿(跨)过河流时,管线距特大桥、大桥、中桥的距离应不小于100m;距离小桥的距离应不小于50m。

4 各种管线与农村公路平行时,严禁设置在公路用地范围内。

9 交通安全及服务设施

9.1 一般规定

1 交通安全设施应遵循"确保安全、经济适用"的原则,依据公路的使用功能、行政和技术等级、交通量,结合当地的自然条件、建设成本、施工方便等,按照相关规定设置,做到醒目、实用。

2 新建、改扩建农村公路应依据现行《公路交通安全设施设计规范》(JTG D81)、《道路交通标志和标线》(GB 5768)等规范及相关规定执行。在主体建设的同时,交通安全设施的建设要和主体工程同时设计、同时施工、同时交付使用。

3 积极开展农村公路安全生命防护工程建设,并重点加强急弯陡坡、临水临崖等危险段落及通客运班车、校车的农村公路的安全保障。

4 农村公路改建时,对潜在安全隐患及交通事故易发路段应进行调查分析,合理布设交通安全设施。

5 护栏设置应根据路段的主要风险因素、路侧危险程度、交通事故情况、行车速度和交通流组成等因素确定并合理选择设施的防护形式及防护等级。

6 新建、改扩建农村公路可根据实际需求并结合乡村旅游等因素,设置适当规模的小型服务区、停车区等服务设施。

9.2 交通标志

9.2.1 交通标志种类、结构形式及标志材料

1 交通标志包括主标志和辅助标志。常用主标志有警告、禁令、指路、指示、旅游标志和告示标志,辅助标志附设在主标志下,对其进行辅助说明。标志版面和字高最低取值宜按照40km/h设置,特殊情况下,根据具体情况确定。整体更换反光膜及新增版面的交通标志应采用交通标志专用字体,局部更换反光膜的交通标志仍可采用原字体。路线经过少数民族地区时,标志版面可并用汉字和少数民族文字。告示标志、辅助标志的颜色均为白底、黑字(图形)、黑边框、白色衬边,形状为矩形,字高可按指路标志取值的一半确定。告示标志版面中的图形标识如果需要可用彩色图案。

2 交通标志结构形式主要以柱式、悬臂式为主,门架式、附着式为辅。柱式标志内边缘不应侵入道路建筑限界,距离土路肩外边缘不小于25cm。在标志基础裸露部分应给予培土保护,以确保基础稳固。为避免农用车剐蹭标志版面,单车道农村公路柱式标志的安

装高度可适当提高。

3 交通标志板可采用铝合金、合成树脂类板材等制作。所用材料应符合现行《道路交通标志板及支撑件》(GB/T 23827)的规定,厚度应根据计算确定。特殊情况下,警告标志、禁令标志可采用山体岩石、木板、砖砌体、混凝土等简易材料。标志板面材料适用条件见表9.2.1.3。

表9.2.1.3 交通标志板面材料适用条件

材 料 类 别	适 用 条 件
铝合金	各种标志板面
合成树脂类(如玻璃钢)	警告标志、禁令标志、村牌指示、线形诱导标志
其他简易材料(木板、混凝土等)	特殊路段的警告标志、禁令标志、村牌指示

4 交通标志版面应粘贴逆反射性能好的反光膜材料。门架式标志、悬臂式标志和车行道上方附着式标志宜选用比路侧柱式标志和路侧附着式标志高一类的反光膜。二、三级公路交通标志宜采用Ⅲ、Ⅳ类反光膜,四级公路宜采用Ⅱ、Ⅲ类反光膜。

9.2.2 交通标志常用版面

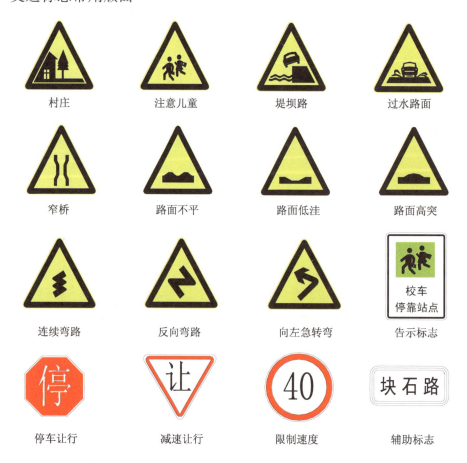

9.2.3 交通标志设置

1 同一位置安装在一个支撑结构上的标志不应超过四个,并且应按照禁令、指示和警告标志的顺序,先上后下、先左后右地排列。

2 警告标志不宜多设。同一地点需要设置两个以上警告标志时,原则上只设置其中最需要的一个。

3 标志设置时,靠近路侧的标志立柱宜粘贴黄黑相间反光膜,以警示夜间行车安全。

4 长陡下坡、急弯、连续弯道等危险路段应设置警告标志。警告标志可与辅助标志组合使用。通过设置辅助标志的形式提示特征路段的(长度)信息,为驾驶员提供更详细的道路状况。

5 受地形、地质等条件限制,平纵面技术指标无法满足路线设计标准的局部路段及回头曲线路段,应设置限速标志。

6 公路穿过乡镇行人通行较为密集的路段,应在进入乡镇之前合适位置设置地名标志和注意行人警告标志;经过村屯路段,可仅设置地名标志。

7 当公路经过学校、幼儿园、乡镇等,应综合考虑标志标线的设置,在道路沿线学校、幼儿园、乡镇两侧设置注意儿童、行人警告标志,并可设置相应的人行横道线和减速标线。

8 为了限制超限超载车辆驶入单车道四级公路,在村道或公路入口处一定距离宜设置限高、限宽标志,标志应与限高、限宽设施配合使用,限高、限宽设施应满足消防等应急通行的需要。

9 新建桥梁应在桥头两端适当位置根据桥梁荷载,设置限制质量和限制轴重标志。

10 宽路窄桥路段,在桥头前适当位置应设置窄桥警告标志,并在桥梁及引道两端施划相应标线。

11 公路下穿高速公路、国省干线以及铁路时,两侧应根据公路的净空高度设置限高标志。

12 在过水路面路段,路基两侧应每隔4m~8m埋设高出路面0.6m的标桩,桩上必须标明水深为0.3m的禁行水位警戒线。在过水路面适当位置设置警告标志,可配合设置示警桩、告示标志或辅助标志。

13 在视距不良、高路堤、陡坡、急弯、临水临崖及有居民房屋等危险路段,应在路侧设置相应的视线诱导、限速、警告、凸面镜等标志以及护栏等安全保障设施。

14 在沿线休息区(或停车区)、观景台等设施及附近旅游景点前宜设置预告、指引标志。

15 在沿线客运汽车停靠站、校车停靠站等站点前应设置客运或校车停靠站告示标志。

16 公路与铁路道口平面交叉时,应在距离该路口适当位置设置铁路道口警告标志,宜在路口设置减速标线配合使用。

17 农村公路与国省干线交叉时,应在农村公路起终点设置线路信息牌,信息牌信息包括路线名称、长度、指示图、管养单位名称及电话等基本信息,指示图应示出路线经过的村屯等地点。其他农村公路视需要也可设置信息牌。

18 考虑路面冬季积雪、结冰、养护改造等因素的影响,悬臂式、门架式安装高度应满足公路建筑限界的净高要求,并预留 0.5m 的余量。

19 二、三级公路与国省干线平面交叉时,应设置指路标志;四级公路与国省干线平面交叉时,可设置告示标志和停车让行标志。

20 农村公路之间平面交叉,视需要可设置指路标志、交叉口警告标志和停车让行或减速让行标志和标线,具体设置见表 9.2.3.20。

表 9.2.3.20 农村公路之间交叉路口标志设置

公路等级	二级	三级	四级
二级	指路标志	指路标志	二级:警告标志 四级:停车让行标志
三级	指路标志	指路标志	三级:警告标志 四级:停车让行标志
四级	二级:警告标志 四级:停车让行标志	三级:警告标志 四级:停车让行标志	减速让行标志

9.3 护 栏

9.3.1 防护设施形式

1 选取护栏形式时,除考虑护栏的防护性能外,还应考虑护栏的初期成本、投入使用后的养护成本,包括常规养护、事故养护、材料储备和养护方便等。宜结合路面养护方式采用经济适用的护栏形式。

2 防护设施的形式宜与周边环境相协调,考虑吉林省地区气候特点和农村公路的养护条件。为了便于冬季清雪及后期养护,一般路基段落宜采用波形梁护栏,山区临水临崖、路肩挡土墙等特殊段落可采用混凝土护栏,但设计时应考虑清雪、排水等情况。

9.3.2 护栏设置原则及防护等级

1 路侧波形梁护栏防护等级一般选用 C、B、A、SB 级。混凝土护栏一般采用 A、SB 级。路侧护栏设置最小长度规定:二级公路按照规范要求执行,二级以下等级的公路应满足波形梁护栏 28m,混凝土护栏 12m。

2 按现行《公路交通安全设施设计规范》(JTG D81)的规定,事故严重程度可分为三个等级:高、中、低,应按表 9.3.2.2 的规定设置路侧护栏并选取路侧护栏的防护等级。路侧护栏设置原则及防护等级选取条件详见表 9.3.2.2。

3 存在下列情况时,导致事故发生可能性增加或后果更严重的路段,路侧护栏的防护等级宜在表 9.3.2.2 的基础上提高一个等级。

1)二级公路纵坡等于或接近于现行《公路工程技术标准》(JTG B01)规定的最大纵坡值的下坡路段。

2)二级公路圆曲线半径等于或接近于现行《公路工程技术标准》(JTG B01)规定的最小半径的路段外侧。

表9.3.2.2 路侧护栏设置原则及防护等级选取条件

事故严重程度及护栏设置原则	路侧计算净区宽度范围内有以下情况	公路技术等级和设计速度(km/h)	防护等级（代码）
高,必须设置	高压输电线塔、危险品储藏仓库等设施	二级公路60	四(SB)级
		三级公路40	三(A)级
		三、四级公路30、20	二(B)级
中,应设置	1. 二级公路边坡坡度和路堤高度在图9.3.2.2的Ⅰ区、Ⅱ区阴影范围之内的路段；三、四级公路路侧有深度30m以上的悬崖、深谷、深沟等路段； 2. 江、河、湖、海、沼泽等水深1.5m以上水域； 3. Ⅰ级铁路、一级公路等	二级公路60	三(A)级
		三级公路40	二(B)级
		三、四级公路30、20	一(C)级
低,宜设置	1. 二级公路边坡坡度和路堤高度在图9.3.2.2的Ⅲ区阴影范围之内的路段；三、四级公路边坡坡度和路堤高度在图9.3.2.2的Ⅰ区阴影范围之内的路段； 2. 二级公路路侧边沟无盖板、车辆无法安全越过的挖方路段； 3. 高出路面或开挖的边坡坡面有30cm以上的混凝土砌体或大孤石等障碍物	二级公路60	二(B)级
		三、四级公路40、30、20	一(C)级

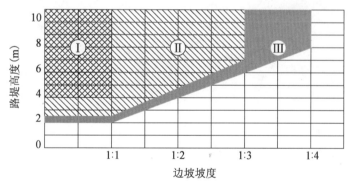

图9.3.2.2 边坡坡度、路堤高度与设置护栏的关系

9.3.3 波形梁护栏和混凝土护栏的设置

1 路侧护栏应位于公路土路肩内,护栏的任何部分不得侵入公路建筑限界。土路肩宽度不足时,应根据路侧护栏和缓冲设施需要的宽度加宽路基或采取其他措施,以满足防护能力要求。

2 设置护栏路段路侧土基压实度不应小于90%,不满足压实度要求时,应采取护栏加强措施。

3 不同防护等级的路侧护栏之间或路基护栏与桥梁护栏之间均应进行过渡段处理，以保证护栏整体刚度的逐渐过渡。

4 护栏端头两侧原则上要求采用外展地锚式。不具备外展条件时，宜采用地锚式端头，并在地锚端头设置警示提醒或立面标记。

5 急弯、连续急弯或连续下坡小半径曲线的外侧，宜设置路侧护栏。

6 曲线外侧距离路基较近范围内有居民房屋等建筑物时，宜设置路侧护栏。

7 路侧临水临崖及有居民房屋段落，车辆驶出会导致严重的交通事故，应根据危险程度提高护栏防护等级。

8 为避免失控车辆冲入桥下，除城镇桥梁外，桥头应设置路侧波形梁护栏并与桥上护栏过渡连接，每端单侧护栏长度不宜小于24m。

9 隧道入口前应设置路侧护栏并与隧道口连接过渡。

9.3.4 路宅分离处理方式

公路经过村屯、乡镇路段，结合美丽乡村建设，提倡以适当方式实施"路宅分离"，常用的路宅分离形式有隔离墙、栅栏、护栏、边沟、绿化隔离带等，鼓励采用绿篱、花坛、植草等形式进行绿化、美化。也可设置乡镇路段路宅分离墙，一般路宅分离墙可设于矩形边沟上，无矩形边沟时可设于土路肩外侧。路宅分离墙可采用浆砌片石或水泥砂浆砌砖，墙顶平台可采用C20混凝土预制。路宅分离示例如图9.3.4所示。

图9.3.4 路宅分离设置示例

9.4 交 通 标 线

9.4.1 交通标线的种类

道路交通标线，按布设方式可分为纵向标线、横向标线和其他标线三类。纵向标线：沿道路行车方向设置的标线；横向标线：与道路行车方向交叉设置的标线；其他标线：字符标记或其他形式标线。

9.4.2 交通标线设置

一般路段标线设置以纵向标线为主,横向标线和其他标线为辅。纵向标线主要分为车行道分界线和车行道边缘线。

1 纵横向路面标线

路面标线根据路面宽度设置。单车道路面不施划路面标线,双车道路面依据路面宽度的具体情况布设。

1)车行道分界线

宽度 6m 以上双向行驶的沥青或水泥混凝土路面,应施划车行道分界线,可跨越对向车行道分界线为单黄虚线,分隔对向行驶交通流。凡在不能满足会车视距要求的路段以及穿越大桥、乡镇、村屯等路段,应施划不可跨越的单黄实线。设计速度大于或等于 30km/h 时,对向车行道分界线线宽采用 15cm;设计速度小于 30km/h 时,对向车行道分界线线宽采用 10cm。

2)车行道边缘线

双向行驶的两车道或两车道以上且有硬路肩的公路,可施划车行道边缘线。车行道边缘线为白色实线,设计速度大于或等于 30km/h 时,车行道边缘线线宽采用 15cm;设计速度小于 30km/h 时,车行道边缘线线宽采用 10cm。在出入口、交叉口及停靠站点等允许车辆跨越边缘线的地方,可设置车行道边缘虚线。车行道边缘线在设计时应预留排水缝,每隔 15m 左右设置 3cm~5cm 的排水缝。

3)人行横道线、减速标线

在行人横跨道路较为集中的路段,如学校、幼儿园、医院、养老院门前等处应施划人行横道线,在进入人行横道线之前设置减速标线。

2 立面标记

立面标记用以提醒驾驶人注意,在车行道或近旁有高出路面的构造物。可设在靠近道路净空范围的跨线桥墩柱立面、隧道洞口侧墙端面及其他障碍物立面上,一般应涂至距路面 2.5m 以上的高度。标线为黄黑相间的倾斜线条,斜线倾角为 45°,线宽均为 15cm。设置时应将向下倾斜的一边朝向车行道。立面标记示例如图 9.4.2.2 所示。

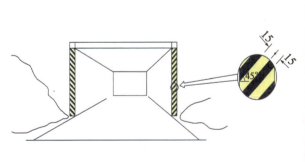 

图 9.4.2.2 立面标记示例(尺寸单位:cm)

3 实体标记

实体标记用以给出道路净空范围内实体构造物的轮廓,提醒驾驶员注意。可设在靠近道路净空范围的上跨桥梁的桥墩、实体安全岛或导流岛、标志基座及其他可能对行车安全构成威胁的立体实物表面上,一般应涂至距路面 2.5m 以上的高度。标线为黄黑相间的倾斜线条,线宽均为 15cm,由实体中间以 45°角向两边施划,向下倾斜的一边朝向车行道。实体标记示例如图 9.4.2.3 所示。

图 9.4.2.3　实体标记示例

4 特殊路段标线的施划

1）单车道宽路窄桥路段

桥面宽度窄于路面宽度时,在桥梁及引道两端 160m 范围内施划车行道边缘线,并在桥头两端设置窄桥标志。单车道宽路窄桥路段标线如图 9.4.2.4.1 所示。

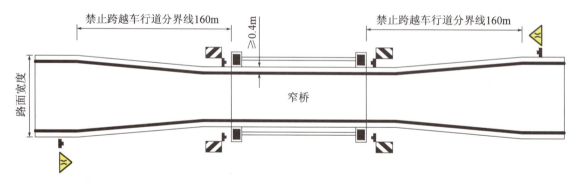

图 9.4.2.4.1　单车道宽路窄桥路段标线示意图

2）单车道宽桥窄路路段

桥面宽度宽于路面宽度时,在桥梁及引道两端 160m 范围内施划车行道边缘线,并在桥面车行道边缘线外侧施划导流标线。单车道宽桥窄路路段标线如图 9.4.2.4.2 所示。

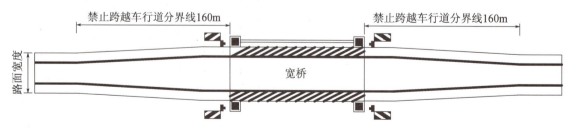

图 9.4.2.4.2　单车道宽桥窄路路段标线示意图

5 交通标线材料

1)交通标线应采用反光标线材料,标线材料应满足现行《路面标线涂料》(JT/T 280)、《路面标线用玻璃珠》(GB/T 24722)相关的检测要求,检测应包括涂料的玻璃珠含量、抗压强度、色度性能和玻璃珠的粒径分布、成圆率等关键技术指标。反光标线应具有良好的耐久性、抗滑性、施工方便和经济性,夜间应具有良好的可视性。

2)交通标线可采用热熔型和常温溶剂型标线。一般情况下,选用热熔型标线,特殊情况如大中修前或段落很短的情况,可选用常温溶剂型标线。标线涂料需预混玻璃微珠,以保证夜间的可视性并在标线寿命期限内长期反光。用作常温溶剂型标线施工时,也可面撒玻璃微珠,起到及时反光的作用。

9.5 其他安全设施

9.5.1 减速丘

1 减速丘为物理性减速设施,设置在次要公路机动车必须减速通过的路段。减速丘设置时避免过密或过高,给行车带来安全隐患,设置前应充分比较、论证。

2 在二级以下公路与国省干线公路交叉时,可设置减速丘,减速丘宜与路面高突标志组合使用,并应设置停车让行标志和标线。

3 减速丘有预制型和现浇型两种。一般使用橡胶等柔性材料预制减速丘,也可采用水泥材质。橡胶减速丘宽度为30cm~40cm,高3cm~5cm,用沉孔膨胀螺钉固定在路面上,黑黄两色相间,表面有凹凸槽条纹。水泥预制型减速丘一般采用C20以上混凝土,高2cm~4cm,宽50cm左右,截面一般采用弧形曲线平滑过渡。橡胶等柔性材料的减速丘应设置反光设施,水泥减速丘应采用反光标线漆涂刷。预制型减速丘如图9.5.1.3-1所示,单车道减速丘布置示意图如图9.5.1.3-2所示。

图9.5.1.3-1 预制型减速丘图

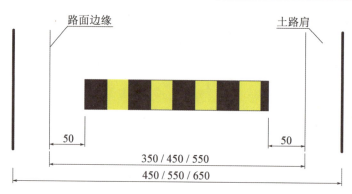

图 9.5.1.3-2　单车道减速丘布置示意图(尺寸单位:cm)

9.5.2　视线诱导设施

农村公路常用的视线诱导设施有轮廓标、线形诱导标、示警桩、示警墩、道口标柱等。

1　轮廓标

1)轮廓标的设置原则:县级公路宜设置轮廓标,乡级公路根据路况条件和实际需求可以设置轮廓标,村道不建议设置轮廓标。

2)视距不良路段、车道数或车道宽度有变化的路段、平曲线半径较小路段、大纵坡路段及连续急弯陡坡等路段,宜加密设置轮廓标或线形诱导标,其他路段可视需要设置。

3)轮廓标设置在公路的土路肩上或附着在路侧护栏上。轮廓标形式可根据公路是否设置护栏以及所设护栏的形式,选用柱式或附着式轮廓标。

4)轮廓标在公路前进方向左、右侧对称设置。左右两侧的轮廓标均为白色,其最大设置间隔不宜超过50m,视距不良路段加密设置。

5)轮廓标的设置高度(指反射器的中心线距路面的高度)应为60cm~70cm,各种类型的轮廓标设置高度应大致相同。

2　线形诱导标

线形诱导标的设置数量应根据曲线半径、曲线长度、偏角大小来确定,并应保证驾驶员在曲线范围内连续看到不少于3块线形诱导标,线形诱导标志板应尽可能垂直于驾驶员的视线。形式有单柱式和附着式,颜色为蓝底白图案。线形诱导标设置示例如图9.5.2.2所示。

图 9.5.2.2　线形诱导标示例

3 示警桩和示警墩

1）对于浅沟、过水、视线不良、急弯、车道宽度有变化及连续急弯陡坡等路段,如危险程度较低,可设置示警桩或示警墩。示警墩一般设置在路肩或路肩挡墙上进行视线诱导。示警桩和示警墩均起到视线诱导作用,不能用于防护设施使用,安装应牢固、线形顺畅。

2）路基段示警桩设置间距宜为 2m～4m,设置长度根据现场条件确定。示警桩高度采用 120cm,埋置深度 40cm,露出地面高度 80cm,并涂以黄黑相间的反光漆,反光漆间距 20cm。采用钢筋混凝土示警桩时,横截面尺寸一般采用 18cm×18cm。也可采用钢管或 PVC 管,管内灌注混凝土,钢管直径 140mm,PVC 管直径 160mm。可根据实际情况,采用其他新材料和新结构。示警桩设置示例如图 9.5.2.3.2 所示。

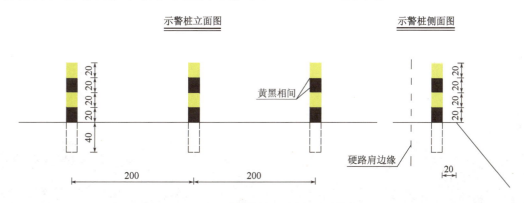

图 9.5.2.3.2 示警桩设置示例(尺寸单位:cm)

3）路侧示警墩有间断式和连续式两种形式,间断式示警墩一般间隔 2m,墙体高度 110cm,埋置深度 30cm,高出路面 80cm,断面尺寸一般采用 110cm×30cm。示警墩设置示例如图 9.5.2.3.3 所示。有条件的情况下,尽量设置为连续式示警墩。

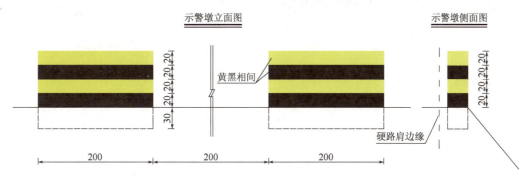

图 9.5.2.3.3 示警墩设置示例(尺寸单位:cm)

4 道口标柱

道口标柱设置在公路沿线平面交叉路口处,用以提醒主线车辆注意路侧行车干扰。已设置指路标志的交叉路口不设置道口标柱,其他交叉路口宜设置道口标柱。道口标柱沿主线方向埋设在距离土路肩外边缘 20cm 的加铺转角外,每侧设置 3 根,柱身采用 C30 钢筋混凝土浇筑,横截面尺寸一般采用 18cm×18cm,并涂以红白相间的反光漆,间距 20cm,钢筋混凝土道口标柱示例如图 9.5.2.4 所示。也可采用钢管或 PVC 管,管内灌注混凝土,钢管直径140mm,PVC管直径160mm。也可根据实际情况,采用其他新材料和新结构。

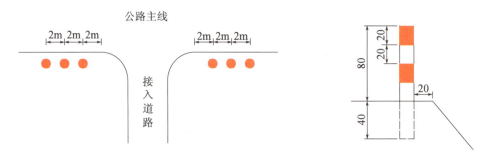

图9.5.2.4 道口标柱设置示例(尺寸单位:cm)

9.5.3 公路凸面镜

1 公路凸面镜一般设置于视距不足的小半径弯道外侧,可配合视线诱导设施一起使用。凸面镜镜面安装角度应以车道双方向视距为参照,以行车道双方向均能通过凸面镜看到对向车道为准,可现场确定准确位置。公路凸面镜设置示例如图9.5.3.1所示。

图9.5.3.1 公路用凸面镜设置示例

2 根据设计速度及弯道半径等因素,可选用镜面直径600mm和800mm的凸面镜。设计速度小于40km/h的公路宜采用600mm的凸面镜,设计速度不小于40km/h的公路宜采用800mm的凸面镜。

9.5.4 限宽、限高设施

1 限宽、限高设施可设置在单车道四级公路交叉口适当位置,同时应设置限宽、限高禁令标志。

2 限高设施材料宜采用钢管和型钢组合,也可以选用其他材料,所用材料应符合相关规定。

3 限高设施可设置防撞限高架或警示限高架,或同时设置。限高架应根据需要设计为高度可调节或采用可开启横梁,以满足消防和医护急救等特殊车辆的应急通行。限高架设置示例如图9.5.4.3所示。

图 9.5.4.3　示警限高架示例

9.5.5　里程碑、百米桩

农村公路宜设置里程碑和百米桩。里程碑设置于公路前进方向整公里桩号的右侧，百米桩设置在里程碑之间。里程碑、百米桩的颜色为白底黑字，正反面均应标识。

9.6　服 务 设 施

9.6.1　服务设施的设置

1　农村公路服务设施主要包括小型服务区、停车区和客运汽车停靠站。

2　小型服务区、停车区的位置应根据区域路网、建设条件、景观和环保要求及相关规划布设。客运汽车停靠站的位置宜根据地区公路交通规划、公路沿线城镇分布、出行需求布设。

3　农村公路可结合沿线景观、旅游景点、民俗民宿及生态旅游设置小型服务区、停车区，并根据需求设置车辆加水、商品零售点等必要的便民设施。

4　小型服务区宜设置停车场、加油站、公共厕所、室内外休息区等设施。停车区应设置停车场、公共厕所、室外休息区等设施。公共厕所应满足环保要求。

5　小型服务区、停车区可根据具体条件选用沿线两侧分别布置或集中布设在一侧供上下行两个方向的车辆使用。设置的设施参照《公路工程项目建设用地指标》确定小型服务区、停车区的用地面积。小型服务区、停车区可与客运汽车停靠站、物流中心等设施合建，合建的设施用地面积应单独列计。

9.6.2　客运汽车停靠站

1　为方便公路客运车、校车等车辆的停靠和乘客上下车，新建、改扩建项目，应结合路线平纵线形、地形条件、客流量等因素，同步设计、同步建设、同步交付使用客运汽车停靠站(包括简易停靠站、招呼站、候车亭)，客运汽车停靠站设置应结合村屯、乡镇分布情况，本着经济适用的原则，统筹规划，合理布设。

2　县道宜设置港湾式停靠站或简易停靠站，乡、村道路可设置客运候车亭或招呼站。

随着条件的改善,简易停靠站、候车亭或招呼站应逐步改建为港湾式停靠站。

3 结合新农村建设与乡村生态旅游互动发展,在旅游景点、农家山庄、休闲度假区宜增设客运停靠站。

4 单车道公路设置错车道的路段,可结合错车道设置客运候车亭或招呼站,错车道技术指标应满足客运汽车停靠站停留车道的要求。

5 港湾式客运停靠站的停车区不得占用主线行车道,停靠区与主线行车道之间用路面标线区划,停留车道长度15m,停留车道宽度不小于3.5m,客运汽车停靠站各项指标见表9.6.2.5。

表9.6.2.5 农村公路客运汽车停靠站

设计速度(km/h)	60	40	30	20
加减速区段长(m)	50	40(30)	30(25)	20(10)
停留车道长(m)	15	15	15	15
总长度(m)	115	95(75)	75(65)	55(35)

注:受限制路段,港湾停靠站可采用括号内数值。

9.7 典型路段安全保障方案

1 单个急弯路段:急弯、视距不良、易发生交通事故。处理方案建议:
1)进入弯道前设置急弯警告标志。
2)弯道外侧适当位置设置凸面镜。
3)弯道外侧设置示警桩和线形诱导标。
4)车行道施划黄色中心实线。
单个急弯路段处置示例如图9.7.1所示。

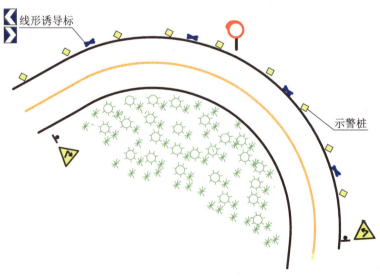

图9.7.1 单个急弯路段处置示例

2 陡坡路段:大纵坡段落,车辆速度过快,易驶出路外发生交通事故。处理方案建议:

1）下坡前适当位置设置下坡警告标志（坡度仅为示意），并设置减速标线。
2）下坡段行车道施划黄色中心实线。
3）下坡方向路基右侧设置示警桩（单车道路段路基两侧宜设置示警桩）。
陡坡路段处置示例如图9.7.2所示。

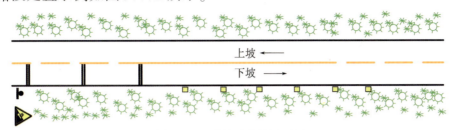

图9.7.2　陡坡路段处置示例

3　急弯陡坡路段：弯道外侧是山谷，弯道内侧有山体遮挡，该段落除存在急弯和陡坡的风险外，还存在车速过快、视距不良等情况，易发生车辆侧翻、对撞或冲出路外等较严重事故，推荐处理方案：

1）在进入急弯前的直线段适当位置设置限速、急弯警告组合标志，根据具体情况确定限速数值（图9.7.3中仅为示意），离开弯道的两端设置解除限速标志。
2）进入弯道前的下坡路段上设置减速标线。
3）弯道段落施划车行道黄色中心实线。
4）山谷段弯道外侧设置混凝土护栏，通过护栏过渡段连接路侧波形梁护栏，护栏端头外展。
5）混凝土护栏上加密设置线形诱导标。

急弯陡坡路段处置示例如图9.7.3所示。

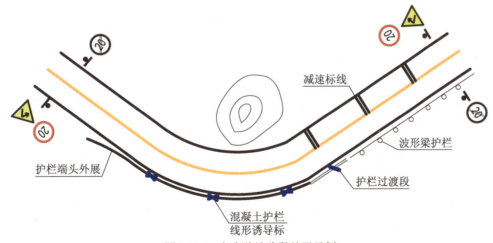

图9.7.3　急弯陡坡路段处置示例

4　穿越村屯路段：弯道内侧有房屋等建筑物遮挡视线，弯道外侧有民房，易发生车辆冲出路外撞击房屋事故，穿越村屯路段处置图如图9.7.4所示。处理方案建议：

1）进入村屯路段前设置村屯警告标志。
2）弯道外侧设置护栏，护栏端头外展。
3）弯道视距不良段落车行道施划黄色中心实线。

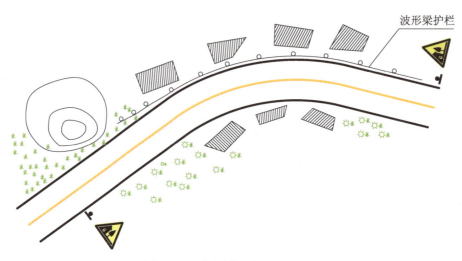

图 9.7.4 穿越村屯路段处置示例

5 急弯陡坡且路侧有交叉路段:进入弯道后下坡,路侧临崖,弯道内侧有山体遮挡视线,弯道内侧有接入道路,接入道路在下坡段且坡度较大,受山体遮挡不易看到接入道路的路段。处理方案建议:

1)弯道两侧设置急弯警告标志。

2)弯道外侧和交叉路口对向各设置一面凸面镜,以弥补视距不足。

3)弯道外侧设置混凝土护栏和波形梁护栏,两个护栏段落应进行连接过渡,混凝土护栏上设置线形诱导标。

4)弯道段落车行道施划黄色中心实线。

5)在交叉路口两侧设置交叉路口警告标志。

6)在交叉路口两侧设置道口标柱。

7)在接入道路上设置停车让行标志和标线。

急弯陡坡及交叉口组合路段处置方案示例如图 9.7.5 所示。

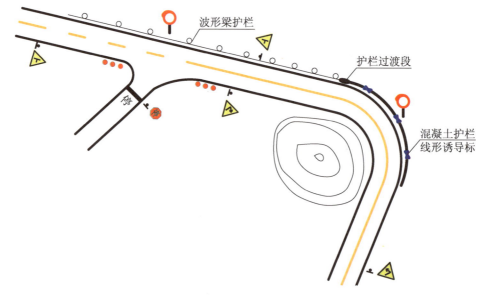

图 9.7.5 急弯陡坡及交叉口组合路段处置方案示例

10 绿化工程

10.0.1 为稳固路基、美化路容、改善环境、减少噪声、诱导车辆行驶,各级农村公路均应加强公路沿线绿化、美化,有条件地区公路两侧可设置植树台,视觉舒适开阔的地方可开展景观小品布置,充分体现地域文化及特色,历史古迹、风土人情、当地风俗,努力打造"环保优先、生态优益、景观优质"的路域环境。

10.0.2 农村公路绿化宜与美丽乡村建设、乡村振兴战略等相融合,加强公路沿线绿化、美化工作,打造"畅安舒美"的通行环境。

10.0.3 公路绿化应从实际出发,本着"节省土地、适地适树"的原则,协调乡村道路沿线的自然环境,结合对绿化功能的要求及地方绿化规划,在公路用地范围内的公路两侧土路肩、路基边坡、植树台及沿线的空地等进行绿化。

10.0.4 农村公路绿化工程应与路基植物防护相结合,并与主体工程同步实施,改善视觉和行车环境。

10.0.5 公路绿化不得侵入公路建筑限界;农村公路两侧应在不影响视距和交通安全的前提下绿化,宜在公路两侧栽植成行的乔木以起到视线诱导的功能;在公路交叉范围内和小半径平曲线内侧植树时,应满足视距的要求,交叉口视距三角形范围内不得种植超过高0.6m妨碍驾驶员视线的植物;在距交通标志牌等交通安全设施的停车视距范围内,不应有树木枝叶遮挡。

10.0.6 农村公路绿化应选择能适应当地自然条件和生态环境、便于管护、成活率高、发育良好、病虫害少的地方性物种,以杨、柳、榆、槐等乡土树种为主,新植乔木苗木胸径不宜小于2cm,同时采用"乔、灌、花、草"等多种植物相结合的方式进行绿化,充分满足公路绿化功能要求。

10.0.7 吉林省东部、东南部山区应结合气候、水文等条件,宜栽植抗冲刷、防护能力强的植物品种;西部地区宜栽植耐干旱、防风固沙能力强的植物品种。

10.0.8 盐渍土地区公路绿化应选择抗盐、耐水湿的乔木、灌木品种,宜选择白刺、柽柳、垂柳、刺槐等。

10.0.9 农村公路经过乡镇、村屯时,公路与房屋住宅提倡以适当的方式实现路宅分离,鼓励采用绿篱、栽花、植草等形式进行绿化、美化;充分利用边沟外1m的公路用地范围进行绿化,达到路田分离的目的。

10.0.10 通往旅游景区的公路两侧,有条件时可栽植有观赏价值的乔木、灌木、花卉等,美化公路环境。

10.0.11 边坡绿化应结合防护工程措施栽植护坡植物,宜选择根系长、须根多或种子有自播能力、喜光耐旱、易于养护的灌木及多年生草本植物。在设置挡土墙、护面墙的路段,宜进行垂直绿化,提高整体的生态景观效果。

10.0.12 土路肩除硬化路段外,应以播撒草种、种植花卉为主,不得栽植树木。

10.0.13 中央分隔带绿化应满足隔离、防眩、诱导视线的作用,选择缓生、耐干旱瘠薄、耐修剪、枝叶繁茂、抗风能力强、成活率高、养护成本低的灌木或小乔木树种为主。植物高度应控制在1.2m~1.8m范围内,树冠不少于0.6m。中央分隔带开口两端交叉视距三角形范围内的植物高度应进行特殊修剪,最小植物高度不应高于0.9m。

10.0.14 桥头或涵洞两侧5m~10m范围内,不宜栽植乔木,以免根系破坏桥(涵)台。

10.0.15 树木栽植的时间应选择在蒸腾量小和有利根系及时恢复的时期,一般在4月末前栽植为最佳,常绿针叶树种可于冬春季带冻坨栽植。

10.0.16 绿化工程植物绿化的种植土厚度不宜小于25cm,以保证植物的成活率。

10.0.17 取、弃土场及施工场地应进行表土剥离,表土应集中堆放,并防止地表土流失,清出的地表土可作为边坡及场地复垦等绿化用土,同时应做好排水设计,施工结束后应及时进行植被恢复工作,农田复耕、林地还林、草地还草。

下篇 养护技术

1 总　　则

1.0.1 为加强吉林省农村公路养护的技术指导,提高农村公路的使用功能和服务水平,保障公路安全畅通,结合吉林省农村公路养护实际,依据国家和交通运输部颁布的现行相关标准、规范、规程、细则、办法,制定本指南。

1.0.2 本指南适用于吉林省农村公路养护的小修保养、中修工程、大修工程。

小修保养是指对公路及其沿线设施经常进行维护保养和修补其轻微损坏部分的作业。

中修工程是指对公路及其沿线设施的一般性损坏部分进行定期的修理加固,以恢复公路原有的技术状况的工程。

大修工程是指对公路及其沿线设施的较大损坏进行周期性的综合修理,以全面恢复到原技术标准的工程。

结合我省农村公路养护作业的专业性,本指南将小修保养分为保养和小修。

1.0.3 农村公路养护应贯彻"预防为主、防治结合"的方针,坚持经常性养护,及时修复损坏部分,保持路基、边坡稳定,路面、构造物完好,安全设施完善,绿化协调美观,并有计划地进行大、中修,逐步改善公路的技术状况,提高公路的使用质量和抗灾能力,延长公路使用寿命。

1.0.4 县级交通运输主管部门和公路管理机构应当定期组织开展农村公路技术状况评定(在有条件的地区,路面状况评定优先选用自动化检测设备),作为养护决策的基本依据。县道和重要乡道技术状况评定频率每年不少于1次,其他公路在五年规划期内不少于2次。

1.0.5 养护工程应重视资源节约和环境保护,鼓励利用工业废料及旧路面材料,推动资源循环利用,降低养护成本。

1.0.6 积极稳妥地采用成熟可靠的"新技术、新材料、新工艺、新设备",提高农村公路养护水平。

1.0.7 本指南未尽事宜应按国家和行业现行有关标准执行。

2 养护作业内容

2.0.1 养护作业按其工程性质、技术复杂程度和规模大小,分为保养、小修、中修工程、大修工程等四类。本指南考虑目前农村公路分散、养护里程长,从事养护专业技术人员不足等实际情况,将小修保养作业拆分,保养作业可选择非专业技术人员从事,其他类型养护作业应由专业技术队伍开展。各类养护工程的具体作业内容参见表2.0.1。

表2.0.1 公路养护工程作业内容

工程部位	类型	作业内容
路基养护	保养	1. 修整路肩、边坡,修剪路肩草木,清除杂物,保持路容整洁; 2. 疏通边沟,保持排水系统畅通; 3. 清除挡土墙等附属构造物滋生的有碍设施功能的杂草,清理挡墙伸缩缝,疏通泄水孔及清除松动石块; 4. 涎流冰清除
	小修	1. 局部加固路肩、边坡,清除零星塌方,填补路基缺口,轻微沉陷、翻浆的处理; 2. 部分段落开挖边沟、截水沟或局部铺砌边沟; 3. 桥头接线或桥头、涵顶跳车的处理; 4. 修理防护、排水设施等局部损坏; 5. 泥石流清除
	中修	1. 整段加固路肩; 2. 局部加宽、加高路基,或改善个别急弯、陡坡、视距; 3. 全面修复、接长挡土墙、护坡、护坡道、泄水槽,以及铺砌边沟; 4. 清除较大塌方,大面积翻浆、沉陷处理; 5. 整段开挖边沟、截水沟或铺砌边沟; 6. 过水路面的处理; 7. 平面交叉口的改善
	大修	1. 拆除、重建或增建较大挡土墙、护坡等防护工程; 2. 大塌方的清除及善后处理
路面养护	保养	1. 清除路面泥土、杂物,处理路面油类或化工类等沾污物,保持路面整洁; 2. 排除路面积水、积雪、积冰、积砂,铺防滑料; 3. 水泥混凝土路面日常清缝; 4. 路缘石修理和刷白
	小修	1. 桥头、涵顶跳车的处理; 2. 修补沥青路面裂缝、拥包、轻度车辙、波浪与搓板、路面坑槽等病害; 3. 水泥混凝土路面填缝料维修、单一的接缝维修,以及坑槽、局部全深度补块、局部板块换板、轻微错台处理等; 4. 水泥混凝土路面个别板块出现纹裂、网裂、剥落、磨损、磨光等表层类病害时,可采取沥青表处、碎石封层等进行修复; 5. 砌块路面松动补充嵌缝料,破损砌块更换、正位、加固

续表2.0.1

工程部位	类型	作 业 内 容
路面养护	中修	沥青路面： 1. 严重病害的处理； 2. 整段含砂雾封层、碎石封层、稀浆封层、微表处等薄层罩面； 3. 整段采用厚度为4cm～5cm沥青混凝土罩面； 4. 整段安装、更换路缘石。 水泥路面： 1. 严重病害的处理； 2. 接缝材料的整段更换； 3. 整段采用厚度为4cm～6cm的单层沥青混凝土罩面。 砌块路面： 路基承载力满足，仅砌块路面翻修
	大修	1. 整段双层沥青混凝土加铺； 2. 整段增加基层补强； 3. 整段路面加宽； 4. 整段重新铺筑基层及砌块
桥梁涵洞养护	保养	1. 清除污泥、积雪、积冰、杂物，保持桥面清洁； 2. 清除伸缩缝泥沙，泄水孔疏通，护栏油漆； 3. 清除梁体表面污垢、圬工表面游离物，保持箱梁通风； 4. 清除支座周围垃圾、杂草、积雪； 5. 清除墩、台表面青苔、杂草、灌木和污物，保持整洁； 6. 疏通涵洞，疏导桥下河槽
	小修	1. 更换桥栏杆，修理泄水孔、伸缩缝、支座和桥面的局部轻微损坏； 2. 桥头跳车处理； 3. 修补混凝土构件孔洞、蜂窝、麻面、剥落，恢复保护层； 4. 裂缝修复； 5. 梁体横向联系构件开裂、开焊修复； 6. 圬工桥表面缺陷及局部损坏修复； 7. 对支座除锈涂油； 8. 涵洞进出口铺砌的加固修理、渗漏水处理、端墙修复等
	中修	1. 梁体横向联系修复； 2. 修理更换支座、伸缩缝及个别构件； 3. 桥墩、台侧墙维修； 4. 重建、增建、接长涵洞； 5. 桥梁河床铺底或调治构造物的修复和加固
	大修	1. 桥面铺装重新铺筑； 2. 桥梁上部结构、下部结构及基础加固； 3. 桥梁提载； 4. 增建、改建较大的河床铺底和永久性调治结构物

续表 2.0.1

工程部位	类型	作 业 内 容
隧道养护	保养	1. 保持隧道内及洞口清洁； 2. 清除洞内积水及洞口积雪、积冰
	小修	清除隧道口碎落岩石和修理圬工接缝，处理局部渗漏水
	中修	隧道工程局部衬砌结构损坏的防护加固
	大修	隧道的较大规模防护、加固工程
交通安全及服务设施养护	保养	1. 标志、轮廓标、示警桩（墩）、道口标柱、里程碑、百米桩等设施的基础完整性的修缮及设施清洁； 2. 标志立柱、护栏立柱与板面或水平构件的紧固，减速带与地面安装的紧固； 3. 道口标柱、示警桩（墩）、减速带、里程碑、百米桩等设施的油漆； 4. 小型服务区、停车区、观景台、汽车停靠站场区内垃圾杂物的清除
	小修	1. 轮廓标、道口标柱、示警桩（墩）、减速带、里程碑、百米桩设施的补设、修理或部分更换； 2. 路面标线的局部补划； 3. 标志设施的损坏、变形、腐蚀、松动等修理或更换； 4. 凸面镜的设置位置、镜面角度、反射性能合理性的调整或更换； 5. 减速带裂缝、损坏的更换或修复； 6. 水泥混凝土护栏裂缝、掉角、破损等缺陷的修复； 7. 波形梁护栏变形、扭转、倾斜的修正； 8. 波形梁板、立柱、柱帽、防阻块（托架）、坚固件等缺损部件的安装
	中修	1. 部分路段标志、轮廓标、里程碑、百米桩、减速带等设施的修理或更换； 2. 整段路面标线的施划； 3. 护栏立柱高度的调整
	大修	1. 部分路段护栏、标志等设施的增设； 2. 腐蚀严重的波形梁护栏或破损严重的混凝土护栏的更换或维修，或波形梁护栏镀锌防腐处理
绿化养护	保养	1. 行道树、花草的抚育、抹芽、修剪、治虫、施肥、浇水； 2. 行道树冬季刷白
	小修	行道树、花草缺株的补植
	中修	1. 更新、新植行道树、花草，增设植树台等； 2. 村屯、乡镇段落绿化美化工程

3 路基养护

3.1 一般规定

1 为保持路基的良好状态,保障路基在行车作用和自然因素的影响下不发生过大的变形,保持路基的基本完整,必须加强对路基的日常性养护。

2 路基养护应根据当地气候条件,开展春、秋修整,夏季防汛、冬季除雪等季节性养护。

3 路基养护范围包括路基主体(含路肩、边坡)、排水设施、防护工程设施。

4 路基养护基本内容：

1)维修、加固路肩、边坡及错车道。

2)疏通、改善排水设施。

3)维护、修复各种防护构造物。

4)清除塌方、积雪,处治塌陷,检查险情,防治冲刷、水毁。

5)处治路基沉陷、翻浆、软弹、冻胀及边坡滑塌。

5 路基养护技术要求：

1)路基保持良好的技术状态,各部尺寸符合原设计标准。

2)路肩与路面衔接平顺,无错台、缺口、坑洼等病害,横坡适度,边缘顺适,表面平整。

3)边坡应保持坡度平顺,无冲沟。

4)排水设施无淤塞、无损坏,排水畅通。

5)防护工程等附属设施保持良好,无损坏。

6)路基发生翻浆病害时,应根据翻浆类型和级别采取相应的防治措施。

7)加强水毁、路基沉陷、冻胀及边坡滑塌等病害的巡查、防治,并应及时进行抢修。

3.2 路基检测评定

3.2.1 检测频率、方法

1 路基技术状况检测与调查,县道和重要乡道应每年1次,宜在4月~5月春融期检查,如有需要,可在入冬前再调查1次；其他公路在五年规划期内不少于2次。对于翻浆、水毁等特殊路段,应加强调查深度并提高调查频率。

2 检测采取人工方式,借助必要的测量仪和便携式路况数据仪进行现场调查、测量、检测,对采集的数据进行汇总、计算与评价,对于雪害、涎流冰等特殊路基病害,应根据实际情况做好调查记录,调查结果不参与路基技术状况评定,可作为养护计划安排依据。

3.2.2 路基病害分类

1 路基病害可分为路肩病害、路堤与路床病害、边坡病害、防护及支挡结构物病害、排水设施病害等五类。

2 路肩病害可分为路肩或路缘石缺损、阻挡路面排水、路肩不洁等三类。

1）路肩或路缘石缺损：路肩一侧宽度小于设计宽度10cm及以上，路肩出现20cm（长度）×10cm（宽度）以上的缺口，路缘石丢失、损坏、倾倒或路缘石与路面脱离透水等现象。

2）阻挡路面排水：路肩高于路面，造成路面排水不畅现象。

3）路肩不洁：路肩有堆积杂物、未经修剪且高于15cm的杂草。

3 路堤与路床病害可分为杂物堆积、开裂滑移、不均匀沉降、冻胀翻浆等四类。

1）杂物堆积：人为倾倒的垃圾、堆积杂物。

2）开裂滑移：沿路基纵向出现弧形开裂，路基产生侧向滑动趋势。

3）不均匀沉降：路基出现大于4cm的差异沉降，或大于5cm/m的局部沉陷。

4）冻胀翻浆：季节性冰冻引起的路面隆起、变形，春融或多雨地区的路基在行车荷载作用下造成路面变形、破裂、冒浆等。

4 边坡病害可分为坡面冲刷、碎落崩塌、局部坍塌、滑坡等四类。

1）坡面冲刷：由雨水冲刷坡面形成的深度10cm以上的沟槽（含坡脚缺口）。

2）碎落崩塌：路堑边坡因表层风化等产生的碎石滚落、局部崩塌等现象。

3）局部坍塌：因边坡表面松散破碎或雨水冲刷而引起坡面的滑塌现象。

4）滑坡：边坡发生整体剪切破坏引起的坡体下滑，或有明显水平位移现象。

5 防护及支挡结构物病害可分为表观破损、排（泄）水孔淤塞、局部损坏、结构失稳等四类。

1）表观破损：勾缝或沉降缝损坏、表面破损、钢筋外露和锈蚀等现象。

2）排（泄）水孔淤塞：排（泄）水孔被杂物堵塞，造成排水不畅现象。

3）局部损坏：局部出现的基础淘空、墙体脱空、脱落、鼓肚、轻度裂缝、下沉等现象。

4）结构失稳：结构物整体出现的开裂、倾斜、滑移、倒塌等现象。

6 排水设施病害可分为排水设施堵塞、排水设施损坏、排水设施不完善等三类。

1）排水设施堵塞：排水设施内有杂物、垃圾、淤积等，造成排水不畅或路基自身排水系统与外部排水系统不连通现象。

2）排水设施损坏：排水设施出现勾缝严重脱落，排水沟、截水沟、急流槽等设施的破损现象。

3）排水设施不完善：既有公路排水设施缺失，未与外部排水系统有效衔接，造成排水不畅现象。

3.2.3 技术状况评定标准

1 公路路基技术状况采用路基技术状况指数（SCI）及其分项指标表示，SCI及其分项指标的值域为0～100。

2 路基技术状况可分为"优、良、中、次、差"五个等级。路基技术状况等级划分标准见表3.2.3.2。

表3.2.3.2 公路路基技术状况评定标准

评价指标	评定等级				
	优	良	中	次	差
SCI	≥90	<90,≥80	<80,≥70	<70,≥60	<60
VSCI、ESCI、SSCI、RSCI、DSCI	≥90	<90,≥80	<80,≥70	<70,≥60	<60

3 路基病害调查应以1 000m路段为1个基本单元，不足1 000m按1个基本单元计，并对上、下行方向分别调查，与路面路况调查和技术状况评定的基本单元划分相一致。

4 应根据路基病害调查结果，按表3.2.3.4的规定进行扣分。

表3.2.3.4 路基病害扣分标准

类型	分项	病害名称	扣分标准	备注
1	路肩	路肩或路缘石缺损	5	每20m为1处，不足20m按1处计
2		阻挡路面排水	10	
3		路肩不洁	2	
4	路堤与路床	杂物堆积	5	
5		*开裂滑移	50	
6		不均匀沉降	20	
7		冻胀翻浆	20	
8	边坡	坡面冲刷	5	每20m为1处，不足20m按1处计，当边坡高度超过20m时，扣分加倍。 当岩质边坡出现局部碎落崩塌后，坡面形成坑洞、缺陷等现象，但不影响路基边坡整体稳定和通行安全的，可不扣分
9		碎落崩塌	20	
10		*局部坍塌	50	有滑塌或有明显安全隐患的计为1处，当边坡高度超过20m时，扣分加倍
11		*滑坡	100	
12	防护及支挡结构物	表观破损	10	以20m为1处，不足20m按1处计算
13		排(泄)水孔淤塞	20	以构造物伸缩缝(含沉降缝)为自然段落，30%及以上排水孔出现排水不畅计为1处
14		局部损坏	20	以20m为1处，不足20m按1处计算
15		*结构失稳	100	按独立防护及支挡结构物评价
16	排水设施	排水设施(含涵洞)堵塞	5	以20m为1处，不足20m按1处计算，独立涵洞计为1处
17		排水设施(不含涵洞)损坏	10	
18		排水设施不完善	0	

注：1. 表中每种病害的单项扣分，扣完100分为止。
2. 对于路基结构物缺少的分项不扣分。
3. 表中长度是指沿路线方向的长度，"以20m为1处，不足20m按1处计"是指若某种病害在1处计量单元中存在若干不连续的现象，统一按1处计。
4. 同一位置同时存在两种及以上病害时，按各自病害分项分别扣分。
5. 对于标"*"的病害，应根据实际情况进行分析判断，该病害影响正常通行或威胁交通安全时，该评定单元的SCI按0分计。
6. "排水设施不完善"，在进行路基技术状况评定时不扣分，仅作为安排路基养护计划的依据。

3.2.4 技术状况评定方法

1 路基技术状况评定应以 1 000m 路段长度为 1 个基本单元,不足 1 000m 按 1 个基本单元计,与路基病害调查的基本单元划分相一致。

2 路基技术状况指数(SCI)应按式(3.2.4.2)计算。

$$SCI = VSCI \times \omega_V + ESCI \times \omega_E + SSCI \times \omega_S + RSCI \times \omega_R + DSCI \times \omega_D$$
(3.2.4.2)

式中:VSCI——路肩技术状况指数;
  ESCI——路堤与路床技术状况指数;
  SSCI——边坡技术状况指数;
  RSCI——防护及支挡结构物技术状况指数;
  DSCI——排水设施技术状况指数;
  ω_V——VSCI 在 SCI 中的权重,取值为 0.1;
  ω_E——ESCI 在 SCI 中的权重,取值为 0.2;
  ω_S——SSCI 在 SCI 中的权重,取值为 0.25;
  ω_R——RSCI 在 SCI 中的权重,取值为 0.25;
  ω_D——DSCI 在 SCI 中的权重,取值为 0.2。

3 路肩技术状况指数(VSCI)应按式(3.2.4.3)计算。

$$VSCI = 100 - \sum (GD_{iV} \times \omega_{iV})$$
(3.2.4.3)

式中:GD_{iV}——第 i 类路肩损坏的总扣分,其标准应按表 3.2.3.4 的规定进行;
  ω_{iV}——第 i 类路肩损坏的权重,应按表 3.2.4.3 的规定取值。

表 3.2.4.3 路肩病害权重

病害名称	路肩或路缘石缺损	阻挡路面排水	路肩不洁
权重	0.4	0.4	0.2

4 路堤与路床技术状况指数(ESCI)应按式(3.2.4.4)计算。

$$ESCI = 100 - \sum (GD_{iE} \times \omega_{iE})$$
(3.2.4.4)

式中:GD_{iE}——第 i 类路堤与路床损坏的总扣分,其标准应按表 3.2.3.4 的规定进行;
  ω_{iE}——第 i 类路堤与路床损坏的权重,应按表 3.2.4.4 取值。

表 3.2.4.4 路堤与路床病害权重

病害名称	杂物堆积	开裂滑移	不均匀沉降	冻胀翻浆
权重	0.2	0.3	0.3	0.2

5 边坡技术状况指数(SSCI)应按式(3.2.4.5)计算。

$$SSCI = 100 - \sum (GD_{iS} \times \omega_{iS})$$
(3.2.4.5)

式中:GD_{iS}——第 i 类边坡损坏的总扣分,其标准应按表 3.2.3.4 的规定进行;
  ω_{iS}——第 i 类边坡损坏的权重,应按表 3.2.4.5 取值。

表 3.2.4.5　边坡病害权重

病害名称	坡面冲刷	碎落崩塌	局部坍塌	滑坡
权重	0.2	0.25	0.25	0.3

6　防护及支挡结构物技术状况指数(RSCI)应按式(3.2.4.6)计算。

$$\mathrm{RSCI} = 100 - \sum (\mathrm{GD}_{iR} \times \omega_{iR}) \qquad (3.2.4.6)$$

式中：GD_{iR}——第 i 类防护及支挡结构物损坏的总扣分，其标准应按表3.2.3.4的规定进行；

ω_{iR}——第 i 类防护及支挡结构物损坏的权重，应按表3.2.4.6取值。

表 3.2.4.6　防护及支挡结构物病害权重

病害名称	表观破损	排(泄)水孔淤塞	局部损坏	结构失稳
权重	0.1	0.2	0.3	0.4

7　排水设施技术状况指数(DSCI)应按式(3.2.4.7)计算。

$$\mathrm{DSCI} = 100 - \sum (\mathrm{GD}_{iD} \times \omega_{iD}) \qquad (3.2.4.7)$$

式中：GD_{iD}——第 i 类排水设施损坏的总扣分，其标准应按表3.2.3.4的规定进行；

ω_{iD}——第 i 类排水设施损坏的权重，应按表3.2.4.7取值。

表 3.2.4.7　排水设施病害权重

病害名称	排水设施不完善	排水设施堵塞	排水设施损坏
权重	0	0.5	0.5

3.2.5　评定结果应用

1　应根据路基技术状况指数(SCI)及其各分项指标的评定结果，制订路基养护计划及养护对策，并符合下列规定：

1) SCI评定结果可作为制订路网级路基养护计划的依据。

2) 各分项指标的评定结果可作为制订具体路段的路基养护计划和养护对策的依据。

2　对路基技术状况指数(SCI)为0的路段，应立即采取养护措施，并应及时增设交通安全设施；需中断交通的，应采取交通管制及疏导、分流措施。

3.3　路基养护时机

路基养护工程应在每年春融期后(4月~5月)、入冬前(9月~10月)进行春季和秋季整修，填筑缺土路基、清理排水设施、修整附属设施，使其恢复原有功能。路基养护工程作业内容按本指南下篇表2.0.1执行。

3.4　路基养护技术要求

3.4.1　路肩与边坡

1　土路肩应整洁、坚实、平顺、坡度适宜，保持土路肩设计标准宽度，与路面接茬顺直,与边坡衔接平顺、整齐,防止路面啃边。土路肩坑洼、与路面产生错台以及高路肩等,应及时整修或清除。单车道土路肩应保持坚实,若出现松散、密实不足时,宜结合春季修整采取小型机械压实。

2 土质路肩边缘被流水冲刷、车轮碾压形成缺口,应及时修补。填补厚度大于15cm时,应分层压实,不得用清沟淤泥填筑。

3 土路肩受暴雨冲刷易造成纵横沟槽的路段,应通过铺筑草皮、方砖等措施进行防护加固,若已形成,应及时进行修整恢复。

4 边坡应保持设计坡度,当边坡出现冲沟、松散、春融塌陷或溶陷等病害时,应结合春、秋两季修整及夏季汛期,对边坡坍塌、冲沟可采取平铺黏土拍实措施进行加固;边坡坍塌,可挖台阶分层填土夯实,恢复原状。

5 土质边坡养护过程中,应使坡面保持顺适、坚实、无裂缝,坡脚无浸蚀。对于土质边坡因春融产生的坡脚堆积,应及时进行清理和边坡修补,做好坡面防、排水工作,并加强观测,防止出现大的坍塌,造成路基失稳。

6 盐渍土路段路肩、边坡出现沟槽、溶洞、松散等病害时,可采取黏土平铺拍实加固。

7 石质路堑边坡上的危石、浮石应及时清理。在雨季,应加强巡查,及时采取有效措施进行加固,避免危害行人、行车安全。

8 边坡坡面及坡脚、护坡道上严禁挖土取料、种植农作物或修建其他建筑物。

3.4.2 排水设施

1 路基排水设施应保持畅通和完好状态,原有排水设施不能满足使用要求时,应适时增设和完善。

2 路基排水设施,在春融前、汛期雨后要及时巡查,排除堵塞并疏通,保持流水畅通,对损坏设施进行维修加固。

3 边沟中杂草、杂物影响排水时须及时清除。对于原有铺砌边沟破损或土质边沟纵坡大于4%且冲刷严重时,应采取浆砌片石、混凝土预制块或混凝土浇筑方式进行修复或加固。

4 对于易出现涎流冰段落,应提前做好排水设施疏通及防、排冰工作。发生涎流冰后,应及时清理;必要时采取在边沟外侧增设截水沟、聚冰坑、挡冰墙等措施。

5 穿越村屯、乡镇段边沟,应加强雨季巡查,及时排除堵塞并疏通,保持流水畅通,排水能力不足的应加大、加深边沟,原有盖板损坏或缺失的应及时补充设置。

6 对于高填、深挖方等边坡较高的路段,边坡因水流冲刷发生损坏、滑动、下沉等病害,应及时增加设置拦水带、急流槽及截水沟等排水设施。

7 与国省干线交叉位置缺少过路涵洞的,根据排水需求增加设置涵洞,并加大日常巡查清堵淤塞,以利路基排水。

3.4.3 防护设施

1 当路基防护工程设施发生局部损坏、滑动或下沉等病害时,应查明病害原因,有针对性地采取局部增设砂垫层、现浇混凝土进行修复和加固,也可使用砌块进行更换。

2 对于土质路堤、路堑边坡或河面较宽、主流稳定、流速小,路线与水流方向接近平行,路堤边坡受季节性浸水、冲刷轻微的边坡,可采取种草防护或铺草皮加固。

3 挡土墙的日常养护除经常检查其是否损坏外,应进行定期检查,主要检查在冻融后墙身及基础的变化情况。

1)挡土墙发生裂缝、砂浆脱落病害时,清除碎屑和杂物后采用水泥砂浆填塞。

2)挡土墙发生倾斜、局部鼓出、滑动或下沉等病害时,可采用锚固、套墙、增建支撑墙等方法加固维修。

3)泄水孔应保持畅通,如有堵塞,应及时疏通,无法疏通时,可另行选择适当位置增设泄水孔,或在墙背增设盲沟将水引离路基以外,以防止墙后土体冻胀。

4)定期清理伸缩缝、沉降缝,使其功能正常发挥。

4 对易发生滑坡、塌方、泥石流、落石等灾害的高危边坡路段,可综合运用坡面挂网、锚杆支护、锚索、注浆、挡墙、拦挡坝、护坡等技术措施进行整治,有条件的采取改线等方式进行彻底解决。

5 对临河受水流冲刷损坏路基,可采取抛石防护、石笼防护、浆砌片石或混凝土护坡、浸水挡土墙防护及调治构造物等防冲刷措施。

6 对于桥头路基边坡防护发生损坏、滑动、下沉等病害时,根据需求设置必要的拦水带、急流槽及采取桥头路基(含锥坡)防护等措施。

3.5 路基主要病害防治

3.5.1 路基沉陷

1 因填料不良和填筑方法不当引起的沉陷,病害规模较小且路面破损严重,宜采取全断面开挖方式清除原有填料,重新填筑碾压密实;病害规模较大且路面基本完好,可对沉降部位采取钻孔压浆处治。

2 因基底软弱层引起的路基下沉,路堤高度较低且病害规模较小,可将路基填筑土挖除,对基底软弱层换填透水性材料后进行回填碾压密实;路堤高度较高且病害规模较大,可采取打砂桩或粉喷桩等处治措施。同时完善排水设施,降低地下水位。

3.5.2 路基翻浆

1 对于春融期应加强预防性养护,做好排水工作,保持路肩平整,边沟畅通,防止地表水渗入路基。尤其冬季应及时清除积雪,防止冻融时软化路基引起翻浆。

2 当路基土含水量饱和、过饱和的路基土层中水分无法排出,在行车荷载作用下出现受压下陷、去压回弹的软弹病害时,为增强基层的强度和水稳性,可采取挖出含水量饱和、过饱和的路基土,换填透水性较好的砂性土处治。

3 对局部出现翻浆现象的路段,应将路基翻浆的原有填料挖除,换填水稳性良好的粒料,碾压密实。翻浆严重段,可采取提高路基高度、换填透水性材料、设置隔断层等措施。

4 当路面经常出现潮湿斑点,发生龟裂、鼓包、车辙等现象,可能引起翻浆病害,应通过挖深边沟或在路肩开挖横沟,降低地下水位或排除路表积水,横沟深至路面基层以下,沟宽0.4m,间距5.0m左右,若效果不明显,还应顺路面边缘设置纵向盲沟或渗水井。

5 对路基翻浆段落,可在病害位置或行车道部位开挖圆形或矩形的渗水井,直径或边长可采取0.3m~0.5m,将渗井内的水排出,边排水边加深渗井,直至冰冻层以下,当渗水停止后填入粗砂或碎(砾)石,从而形成砂桩,砂桩桩距和根数可根据翻浆范围按每个砂桩影响面积$6m^2$~$10m^2$控制。

3.5.3 路基冻胀

1 因路基土中水的冻结引起的路基土体膨胀、地表不均匀隆起的冻胀病害,应进行详细勘察,根据病害原因和程度采取相应的处治措施。

2 根据病害程度,通过挖深边沟,设置盲沟、渗水井等措施,降低地下水位,切断浸湿路基土体的水源。

3 区域内路基排水无法排疏的部位,可采取挖除原路基冻胀土,在路堤下部设置隔断层。隔断层应采取渗水性粒料材料填筑,厚度可采取0.4m~0.5m,其顶部宜设置沥青砂、防渗土工布等不透水材料的反滤层。

3.5.4 涎流冰

1 涎流冰的防治可采用地面排水措施和地下排水措施,以地下排水措施为主、地面排水措施为辅进行综合治理。

2 对地表层间滞水,含水层埋藏较浅,流量不大,仅在冬季冻结期形成少量涎流冰的路段,可采取扩大边沟、设置聚冰沟(坑)、设置挡冰墙等地面排挡措施。

3 对地表滞水层较深、水量较大的涎流冰路段,可采用集水渗井与盲沟暗管等地下排水措施。集水渗井适用于较集中的山坡地下水露头处,盲沟适用于汇集较分散的山坡地下水。

4 对于水流量较大、冬季涎流冰较严重的路段,可增设桥涵构造物跨越涎流冰。

5 对于易出现涎流冰路段,应加强养护。夏季应修复、疏通排水设施,使线上侧的地下水能充分排泄,同时要清除涎流冰水源地的覆盖层,以使其冬季加快封冻。冬季导致路面积冰时,应及时采取人工或机械清理,确保通行安全。

3.5.5 边坡滑塌

1 对于边坡易滑塌的段落,应在春融期、雨季前、雨季中和雨季后进行全面检查,分析确定滑塌类型、动态、产生原因、规模大小及对公路的危害程度,针对原因采取相应的治理措施。

2 土质挖方边坡稳定性不足,应适时增设矮墙、网箱等支挡构造物。

3 对于春季冻融循环作用下,土质边坡表面发生浅层滑移现象引起的边坡薄层坍塌,应做好土体降排水设施,坡面采取种草、植树,坡脚通过增设支挡构造物调整坡率等措施加固边坡。

4 对裂缝较多的岩质边坡,可采取水泥灌浆,增加岩体整体性。

5 对于边坡岩石破碎,出现块状碎落,应加强对此区域的养护巡查,及时清除可能碎落的危石,并挂网防护;对于风化较严重、岩质裂隙发育较丰富的段落,可采取挂网喷射混凝土防护;对于节理发育、倾向倾角不利、风化严重、岩体整体稳定性不足的岩质边坡,可采取锚固措施处治。

6 对易发生滑坡或已发生滑坡的坡体上方修建截水沟与排水沟,拦截水流引至滑坡体外,截水沟位置宜设置在距坡顶5.0m以外,沟深采取0.4m~0.6m,底宽采取0.3m~0.5m,沟底纵坡大于3%时,应加以铺砌。滑坡范围内,宜设置引水沟和排水沟。

7 滑坡体下缘基础坚实,且坡体推力不大,可采取在坡脚设置重力式抗滑挡土墙;滑动面显著且厚度不大时,可在滑坡体打入木桩、钢筋混凝土桩等抗滑桩。

8 对于松散滑坡体,可采取卸荷减重措施,减轻坡体,减少下滑力,增强滑坡体的稳定性。

4 路面养护

4.1 一般规定

1 农村公路路面养护按技术状况评定、养护决策、寿命周期、工程性质、技术复杂程度、规模大小,分为日常保养、小修、中修、大修。

2 农村公路路面养护应贯彻"因地制宜、就地取材"的原则,注重降低养护生产成本。在综合考虑经济和技术合理性的原则下,尽量吸收和采用新技术、新工艺、新材料、新设备,不断改善养护生产手段,提高农村公路养护质量,延长农村公路路面使用寿命。

3 农村公路路面的技术状况应进行定期调查评价,并有针对性地制订养护大、中修计划。

4 路面养护应重视材料的循环利用,鼓励开展旧沥青面层、破碎水泥混凝土板和旧基层材料的再生利用,节约资源,保护环境。

5 农村公路旧路改造工程,推荐对破损老旧路采用"白改黑"方案。

6 路面养护工作应注重养护生产工作安全,加强交通组织,在施工过程中减少车辆对施工的干扰。

4.2 沥青路面主要病害类型及修补措施

沥青路面病害主要类型有:裂缝、拥包、车辙、沉陷、波浪与搓板、坑槽、松散等。路面病害一般采用目测和测量的方法进行检查或检测。对各种病害应分析其产生的原因,并根据路面结构设计使用年限、气候条件等实际情况,采取相应维修措施。各种病害维修处理方法可参照表4.2选择。

表4.2 沥青路面各种病害的养护或修补措施

修补措施	病害类型							
	纵、横裂缝	网裂、龟裂	拥包	车辙	沉陷	波浪、搓板	坑槽	松散
沥青灌缝	√							
自粘式贴缝带	√							
开槽灌缝胶	√							
凸出部分削除并填补沥青混合料			√	√				
填补沥青混合料					√		√	
薄层罩面		√						√

续表4.2

修补措施	病害类型							
	纵、横裂缝	网裂、龟裂	拥包	车辙	沉陷	波浪、搓板	坑槽	松散
挖除面层重做		√	√	√		√		√
处治基层重做面层		√	√	√	√	√	√	
注浆					√			

4.2.1 裂缝

对于路面的纵向或横向裂缝,应按裂缝的宽度及性质不同分别予以处治。

1 缝宽在5mm以内,将稠度较低的热沥青灌入缝内,灌入深度约为缝深的2/3。填入干净石屑或粗砂,并捣实。有条件的路段采取自粘式贴缝带。

2 缝宽在5mm以上,用热拌沥青混合料填入缝中,并捣实。有条件的路段采用专用灌缝设备和高性能的路面灌缝胶开槽灌缝。

3 路面出现大面积裂缝(包括网裂),如基层强度满足要求时,通过技术经济比较,可选用乳化沥青稀浆封层、碎石封层、单层沥青表处等维修方法。

4 由于基层强度不足等引起的严重龟裂,应先处治好基层后再重做面层。

4.2.2 拥包

1 已趋于稳定的轻微拥包,应将拥包用机械刨削或人工挖除。

2 因面层沥青用量过多或细料集中而产生较严重拥包,但路面基层仍属稳定,则应用机械或人工将拥包全部除去,并低于路表面约10mm,扫尽碎屑、杂物及粉尘后用热沥青混合料重做面层。

3 因基层局部含水量过大,使面层与基层间结合不良而被推移变形造成的拥包,应挖除拥包,用水稳定性较好的材料更换已变形的基层,再重新铺筑面层。

4.2.3 车辙

沥青路面车辙分为轻度车辙和重度车辙。辙槽深度在10mm～15mm的为轻度车辙,辙槽深度在15mm以上的为重度车辙。

1 轻度车辙处治措施:

路面受横向推挤形成的横向波形车辙,如果已经稳定,可将凸出的部分削除,在波谷部分喷洒或涂刷黏结沥青,填补沥青混合料并找平、压实。

2 重度车辙处治措施:

1)因面层与基层间有不稳定的夹层而形成的车辙,应将面层挖除,清除夹层后,重做面层。

2)由于基层强度不足、水稳性能不好,使基层局部下沉而造成的车辙,应先处治基层。

4.2.4 沉陷

1 沉陷分为轻度沉陷和重度沉陷。轻度沉陷,指深度在 10mm～25mm 之间,行车无明显颠簸感;重度沉陷,指深度大于 25mm,行车有明显颠簸感。

2 因基层局部强度不足或松散造成的路面沉陷,应铣刨或挖除沥青面层,处理好基层后,重做沥青面层。

3 因路基不均匀沉降引起的路面沉陷,路基和基层已密实稳定、不再继续下沉,可只修补沥青面层,根据路面破损状况可采取下列处治措施:

1)路面略有下沉、无破损或仅有小量轻微裂缝时,可在沉陷部位喷洒黏层沥青,用沥青混合料将沉陷部分填补,并压实、整平。

2)路面出现较大范围的不均匀下沉时,可局部铣刨高处部位,清理干净路面后喷洒黏层沥青,采用薄层罩面方式进行处治。

4 桥涵台背因回填材料选择不适、压实不足等原因引起路面不均匀沉降,可采取下列处治措施:

1)铣刨或挖除沥青面层,在沉陷部分加铺基层后,重做沥青面层。

2)采用台背注浆进行加固处理。

4.2.5 波浪与搓板

1 路面仅有轻微波浪或搓板,可在波谷部分喷洒沥青,并匀撒适当粒径的矿料,找平后压实。

2 波浪(搓板)的波峰与波谷高差起伏较大时,应顺行车方向将凸出部分铣刨削平,并低于路表面约 10mm,削除部分喷洒热沥青,再匀撒一层粒径不大于 10mm 的矿料,扫匀,找平,并压实。

3 严重的、大面积波浪或搓板,应将面层全部挖除,然后重铺面层。

4 若面层与基层之间存在不稳定夹层,面层在行车荷载的作用下推移变形而形成波浪(搓板),应挖除面层,清除不稳定夹层后,喷洒黏结沥青,重铺面层。

5 因基层局部强度不足或稳定性差等原因造成的波浪(搓板),应先对基层进行处治,再重做面层。

4.2.6 坑槽

1 路面基层完好,按照"圆洞方补、斜洞正补"的原则,画出所需修补坑槽的轮廓线。沿所画轮廓线开凿至坑底稳定部分,其深度不得小于原坑槽的最大深度。坑槽壁和底部应涂抹黏层油,填入沥青混合料并整平。

2 若因基层局部强度不足等使基层破坏而形成坑槽,应先处治基层,再修复面层。

4.2.7 松散

1 因沥青用量偏少、低温施工造成的路面麻面松散,可采用下列方法进行处治:待气温上升到 10℃ 以上时,将残留在麻面松散层上的浮料清扫干净,重新喷洒沥青用量为

$0.8kg/m^2 \sim 1.0kg/m^2$ 的封层油,再撒布 3mm~5mm 粒径的碎石或粗砂($5m^3/1\,000m^2 \sim 8m^3/1\,000m^2$)。用轻型压路机压实。

2 因沥青温度过高、沥青老化失去黏结性造成的路面松散,应铣刨或挖除松散部分,重做沥青面层。

3 因沥青路面使用年限较长、路表沥青老化造成的路面麻面松散,可采用含砂雾封层、微表处、碎石封层等措施进行处治。

4.3 水泥路面主要病害类型及修补措施

水泥混凝土路面主要病害类型分为裂缝类病害、断板类病害、接缝类病害、表层类病害和变形类病害五种。路面病害一般采用目测和测量的方法进行检查或检测。路面病害应采取综合措施进行处理,使修补或处治后满足路面结构性能、使用性能和耐久性要求。各种病害维修处理方法可参照表 4.3 选择。

表 4.3 水泥混凝土路面各种病害的养护或修补措施

病害类型		修补措施										
		换、补填缝料	板底灌浆	沥青表处或碎石封层	非结构性裂缝修补	错台处治	薄层罩面	坑洞修复	植筋补强	全深度补块	拱起修复	换板	加铺
裂缝类病害	横向、斜向裂缝			√	√				√				
	纵向裂缝			√	√				√				
断板类病害	角隅裂缝				√				√	√			
	断裂板				√							√	√
接缝类病害	填缝料损坏	√											
	接缝张开	√											
	错台					√	√						
	接缝碎裂			√			√			√			
表层类病害	纹裂、网裂			√			√						
	剥落			√			√						
	坑洞							√					
	磨损、磨光			√			√						
变形类病害	沉陷		√										√
	拱胀										√		
	脱空、唧泥		√									√	

4.3.1 接缝损坏

当接缝材料使用一段时间后,在荷载与外在环境的反复作用下产生老化和疲劳损坏,需对损坏后的接缝部位进行维修处理。

1 水泥混凝土路面接缝的修复宜选在晴天进行,并清除接缝中的旧料和杂物。

2 对于胀缝的修复,首先在胀缝壁上涂抹沥青等材料,再压入接缝板。两接缝板接头处的缝隙采用沥青或其他材料填平后嵌入嵌缝条加以处理。

3 接缝板应选用压缩应力小、体积可压缩变形和弹性恢复率大,且耐腐烂的材料,宜选用泡沫类板材。

4.3.2 表层病害

1 水泥混凝土路面局部段落或个别板块出现纹裂、网裂、剥落、磨损、磨光等表层类病害时,可采取沥青类或水泥类薄层罩面。

2 沥青类薄层罩面:沥青表处、沥青碎石封层等简易结构进行处理,防止病害进一步发展。

3 水泥基材料类罩面:一般采用聚合物水泥砂浆或微膨胀混凝土罩面处理。罩面厚度不小于砂粒最大粒径的3倍,最小厚度不小于8mm,最大厚度不宜超过20mm。界面黏结剪切强度不低于5.0MPa。

4 罩面可采用稀浆封层机械施工,表面可采用辊筒及长刮尺进行整平,抗滑构造应采用拉毛方法进行处理。砂浆强度和耐磨性满足开放交通要求后可开放交通。

4.3.3 裂缝

裂缝分为非结构性和结构性裂缝。

1 非结构性裂缝根据裂缝不同宽度可采用密封、条带罩面等措施修补。

1)对于宽度不大于3mm的轻微裂缝,采用密封(碎石封层、沥青表处)维修措施。

2)条带罩面维修措施:

对于宽度大于3mm且小于6mm的贯穿全厚裂缝采用条带罩面进行补缝。

①在裂缝两侧切缝时,应平行于缩缝,且距裂缝距离不小于15cm。

②凿除两横缝内混凝土的深度以7cm为宜。

③每间隔50cm打一对钯钉孔,钯钉孔的大小应略大于钯钉直径2mm～4mm。

④钯钉宜采用ϕ16mm螺纹钢筋,钯钉长度不小于20cm,弯钩长度为7cm。

⑤钯钉孔必须填满砂浆,方可将钯钉插入孔内安装。

⑥切割的缝内壁应凿毛,并清除松动的混凝土碎块及表面尘土、裸石。

⑦浇筑混凝土应及时振捣密实、抹平,并喷洒养护剂。

⑧修补块面板两侧,应加深缩缝,并灌注填缝料。

2 结构性裂缝维修措施。

1)对于横缝宽度大于6mm、纵缝10mm以上的严重裂缝,可采用全深度补块维修措施。

①将混凝土板块分成保留块和清除块。清除块采用切割方法拆除,拆除块的最小尺寸不小于1m,并且不得产生锐角。拆除后修补部位采用水泥混凝土。

②修补块部位的基层强度不满足要求时,应采用7d抗压强度为5MPa～10MPa的贫混凝土进行修补,贫混凝土修补层的厚度不宜大于15cm,并且不得减少修补块的厚度。

2)贯穿两块及两块以上板的纵向裂缝可采用植筋补强维修措施。

①横跨裂缝的钢筋宜采用带肋钢筋,可参照传力杆的截面配置数量确定配筋量。钢筋的最小直径不宜小于20mm。

②配筋位置应位于板厚的中间。采用U形钢筋时,在切开的植筋槽两侧槽台部位钻孔植入进行锚固,钻孔深度宜达到板底。

③切槽宽度宜为0.5m～0.6m,深度应超过跨裂缝钢筋底面15mm～20mm。

④修补条带混凝土强度应符合相应等级水泥混凝土路面的要求。修补条带保湿养护时间不宜少于7d,混凝土养护达到通车强度要求后方可开放交通。

4.3.4 坑洞

坑洞是混凝土面板中较为稳定的体积缺陷,坑洞一般采用填充混凝土修复措施。

1 应将坑洞周边修整成规则形状,涂刷水泥浆。

2 坑洞修补采用相同强度等级的混凝土修复,原则上采用普通混凝土,有条件的采用低收缩干硬性混凝土,干硬性混凝土可采用分层击实或夯实方法进行施工。

4.3.5 破碎板

破碎板严重,板块被裂缝分为3块以上,有松动、沉陷等现象,采用更换板块的处理方式。换板维修措施技术要求:

1 面板厚度应不小于原路面设计面板厚度,弯拉强度不低于原设计要求。

2 当基层不满足强度要求时,应对基层进行处理。清除损坏的基层,一般采用贫混凝土进行维修处理,贫混凝土基层7d抗压强度为5MPa～10MPa,厚度不宜大于150mm。

4.3.6 错台

1 高差在5mm～10mm之间的轻微错台,可采用磨平机进行磨平处理。

2 基层冲刷造成的错台,采取板底灌浆处理措施。

3 路床软弱造成的错台,采取及时进行路床加固灌浆处理措施。

4.3.7 板底脱空

基层冲刷脱空产生路面接缝错台或断板时,可采取板底灌浆措施,在脱空部位钻孔注浆和板缝注浆,钻孔间距根据浆液扩散半径确定,一般宜为0.5m～0.75m。钻孔深度到达基层表面即可。灌浆压力宜为0.5MPa～1.0MPa。当钻孔间距增加时,可适当增加灌浆压力。

4.3.8 拱起

设置隔离缝是处理拱起的主要手段。隔离缝技术要求:

1 隔离缝宽度为 10mm~20mm,应贯穿整个板厚,采用切割机在预定位置沿缝两侧切割出深度约为 30mm 的切缝后,用手持式冲击锤清除缝中余下混凝土。

2 隔离缝下部宜采用发泡聚氨酯材料密封,上部 20mm~30mm 宜采用防水密封材料或胀缝填缝料进行密封。

4.4 路面检测评价

按现行《公路技术状况评定标准》(JTG H20)的要求,农村公路宜采用多功能智能检测车和人工辅助相结合的方式开展检测与评价。在不具备条件下,可采用人工及其他设备开展检测与评价。

4.4.1 检测评价内容

旧路检测与评价阶段的主要工作内容包括基础资料收集、路面技术状况检测和数据分析评价三部分。路面大中修开展前必须进行路面检测工作,具体检测评价内容为:调查路表病害详细分布情况,确定各评价单元的主要病害类型,评价路面破损、平整度等指标,对路面结构强度指标进行评价,并做好主要病害原因分析。

1 三级及以上公路沥青路面检测内容包含路面损坏状况、路面平整度、路面结构强度等;四级公路沥青路面检测内容包含路面损坏状况、路面结构强度等。

2 农村公路水泥混凝土路面对平整度、抗滑性能要求较低,检测内容主要采用路面损坏状况和断板率等,同时通过钻芯取样查明基层状况。

4.4.2 检测时机与频率

1 路面损坏状况指数(PCI)、路面行驶质量指数(RQI)宜在入冬前(9月~10月)开展检测。

2 路面结构强度指数(PSSI)宜在春融期(4月~5月)进行检测。

3 县道和重要乡道路面技术状况评定频率每年不少于 1 次,其他公路在五年规划期内不少于 2 次。

4.5 路面养护决策

4.5.1 沥青路面

1 在满足强度要求的前提下,一级公路路面损坏状况指数(PCI)评价为优、良或者二级及以下公路路面损坏状况指数(PCI)评价为优、良、中,应以日常养护为主,并对局部破损进行小修。

2 在满足强度要求的前提下,路面损坏状况指数(PCI)评价为中,同时路面发生轻微裂缝、表面松散和轻度车辙等表面层病害,宜采用薄层罩面。

3 在满足强度要求的前提下,路面损坏状况指数(PCI)评价为次及次以下,应采取单层沥青混凝土罩面中修措施。

4　三级及以上公路路面行驶质量指数(RQI)评价为次及次以下,应采取单层沥青混凝土罩面等中修措施。

5　在强度不能满足要求时,应采取大修补强或改建措施提高其承载能力。

4.5.2　水泥路面

1　路面损坏状况指数评价和断板率均为优、良,承载能力满足要求时,可采取日常养护和局部或个别板块修补措施。

2　水泥混凝土路面仅出现表面磨损、剥落、轻微断裂、错台等病害,但路面承载能力符合要求时,可采用单层沥青混凝土罩面中修措施,对水泥混凝土路面进行功能性修复。

3　水泥混凝土路面的损坏状况指数和断板率两项指标有一项评价为中,路面结构承载力不足,但水泥混凝土面层稳定时,三级及以上公路宜采用双层沥青混凝土加铺大修,重载车占比较大的路段可采用水泥混凝土加铺。

4　路面损坏状况指数评价和断板率两个指标中有一项指标为次及次以下,路面结构承载力不满足现有交通要求时,应采取在旧水泥混凝土路面上加铺补强(增加基层)大修措施。

5　路面损坏状况指数和断板率都评价为中,但原有旧路未设置基层时,原则上采取在旧水泥混凝土路面上加铺补强(增加基层)大修措施。

6　原有旧路破损严重,大量出现翻浆、沉陷等病害,发生结构性破坏,采取大修措施无法恢复原路承载能力时,应挖除原有路面结构,处理好路床,按新建路面结构设计。

7　路面养护工程应对项目全段细化段落,根据旧路面评价情况分段采用上述不同养护对策,降低养护成本。

4.6　沥青路面日常保养

1　保持路面经常整洁,路面清扫宜采用机械和人工相结合作业,机械清扫留下的死角,应用人工清除干净。清扫频率不低于每周1次。

2　对路面雨后积水应及时排除。冬季重点做好桥面、坡道、弯道、垭口及其他严重威胁行车安全的路段的除雪、除冰、防滑工作,并在相应路段配备防滑料。

3　使用砂、炉渣等防滑材料或盐掺和使用,加大轮胎与路面的摩擦系数;避免使用尖石、片石等威胁车辆轮胎安全的尖锐状碎石作防滑材料。

4.7　沥青路面小修

1　养护管理人员应开展路面的定期巡检、病害记录、报表统计等工作。定期巡检中发现重大结构性缺陷、破损时,应及时标记并通知相关部门做好维修养护准备。

2 对沥青路面的轻微或局部损坏进行修复。路面裂缝、拥包、轻度车辙、啃边、波浪与搓板、路面坑槽、沉陷等病害隶属小修范畴,应随时发现随时处理,实行限时养护,提高病害修补质量。具体的修补措施详见本指南下篇 4.2 节。

4.8 沥青路面中修方案

4.8.1 薄层罩面

路面发生表面松散、麻面和轻微裂缝、轻度车辙等表面层病害,宜采用薄层罩面,厚度宜小于 3cm,可采用 8mm 含砂雾封层、8mm 碎石封层、10mm 左右稀浆封层、10mm 左右微表处等。

4.8.2 沥青混凝土罩面

当旧路强度指标满足要求时,采取在旧路面上加铺沥青混合料的方式,对路面表面功能(破损状况、平整度、抗滑能力)进行恢复和改善的修复工作。

1 罩面前应对原有病害进行彻底处理,旧路为沥青路面,需处理的病害类型有:坑槽、沉陷、车辙、波浪、拥包、裂缝等。

2 养护措施主要包括直接加铺罩面和铣刨表面层后再加铺罩面两类,适用条件见表 4.8.2.2。

表 4.8.2.2 沥青混凝土罩面适用条件

中修类型	适 用 条 件		
	主要病害类型	沥青混合料性能	高程
直接加铺罩面	轻微变形类病害或松散类病害	良好	不受限
铣刨加铺罩面	裂缝类病害或重度车辙病害	高温稳定性或低温抗裂性能差	受限

3 罩面可采用单层沥青混凝土,摊铺前应洒布黏层油,罩面层厚度宜为 4cm~5cm。宜在罩面前加铺热沥青碎石同步封层。

4.9 沥青路面大修方案

1 路面大修应进行交通量、增长率以及代表车型的调查。

2 路面大修时,路面结构应按照补强理论进行设计。补强路面设计年限按照相应设计规范规定的各级公路设计年限重新设定,计算确定新增结构组合及各结构层厚度。

3 大修路段的路面结构组合类型主要包括旧路双层沥青混凝土加铺补强、面层铣刨基层补强和路面结构重建三类,可参照表 4.9.3 进行选择。

4 村镇段路面大修,应充分调查旧路抬高的可行性,有条件的宜直接加铺或按补强设计;如条件受限,应采取挖除旧路面,新建路面结构的方案。

5 桥头引道应采取挖除旧路面,新建路面结构应处理好与桥涵顶面纵坡的顺适衔接。

表 4.9.3　沥青路面各大修类型的适用条件

大修类型	适用条件	
	基层状况	养护需求
旧路加铺补强	基层完整、状况良好	双层沥青混凝土加铺补强，旧路补强
面层铣刨、基层补强	基层强度偏低，基层上部松散破损	更换面层，基层维修处治，按强度要求进行基层补强
路面结构重建	基层损坏严重，基本呈松散破碎状态	更换面层和基层，按强度要求设计新铺路面结构

6　旧沥青路面加铺水泥混凝土路面结构：

1）重载车比例较大导致原沥青路面发生严重车辙、网裂、沉陷等病害段落及有特殊需求时，可采用旧沥青路面上加铺水泥混凝土路面结构。

2）加铺层铺筑前应对严重的车辙、拥包进行处理，对网裂、沉陷等病害较严重的路段应进行结构补强。

3）加铺层一般采用普通混凝土。加铺层的厚度不宜小于20cm，并按照新建水泥混凝土路面进行加铺层设计。

7　路面补强施工应做好新旧基层的联结，对于旧基层出现松散或强度不足的部分应予以挖除，并换填新基层材料铺筑。

4.10　水泥路面日常保养

1　日常性保养主要针对道路的日常保洁、排水设施的清淤及除草等工作展开。

2　路面清扫宜采用机械和人工相结合作业。机械清扫留下的死角，应用人工清除干净。清扫频率不低于每周1次。

3　对路面雨后积水应及时排除。冬季重点做好桥面、坡道、弯道、垭口及其他严重威胁行车安全的路段的除雪、除冰、防滑工作。

4　使用砂、炉渣等防滑材料或盐掺和使用，加大轮胎与路面的摩擦系数；避免使用尖石、片石等威胁车辆轮胎安全的尖锐状碎石作防滑材料。

4.11　水泥路面小修

1　养护管理人员应开展道路的定期巡检、病害记录、报表统计等工作。定期巡检中发现重大结构性缺陷、破损时，应及时标记并通知相关部门做好维修养护准备。

2　应对接缝进行适时的保养，保持接缝完好，表面平顺。填缝料超出5mm时应铲除。填缝料老化、接缝渗水严重时，应对整条接缝的填缝料进行更换，填缝料更换应做到饱满、密实、黏结牢固。冬季更换时，填缝料表面预留1mm~3mm不灌满；夏季更换时，填缝料应饱满密实，密封条应挤压变形后嵌入安装。

3　单一的横、纵缝扩缝维修以及坑槽、局部全深度补块、局部板块换板、轻微错台处理等维修属于小修范畴。具体维修措施详见本指南下篇4.3节。

4　水泥混凝土路面局部段落或个别板块出现纹裂、网裂、剥落、磨损、磨光等表层类病害时,可采取沥青表处、碎石封层等简易罩面,减缓病害进一步发展。

4.12 水泥路面中修方案

1 水泥混凝土路面仅出现表面磨损、剥落、轻微断裂和错台等病害,但路面承载能力符合要求时,采用单层沥青混凝土罩面中修措施,对水泥混凝土路面进行功能性修复,显著延长水泥混凝土面板的使用年限。

2 三级及以上公路单层沥青混凝土罩面厚度为5cm～6cm,四级公路单层沥青混凝土罩面厚度为4cm～5cm。

3 为做好层间联结,应在旧水泥混凝土路面上设置碎石同步封层,有条件的设置应力吸收层。碎石同步封层技术要求:沥青用量为 2.0L/m^2～2.5L/m^2,撒布集料粒径为 4.75mm～9.5mm 预拌碎石,集料撒布量为 5m^3/1 000m^2～6m^3/1 000m^2。碎石合理的撒布量应为:碎石面积占撒布面积的 60%～70%为宜,以保证压路机碾压时不粘轮为原则。施工过程中应对施工区域封闭交通。

4.13 水泥路面大修方案

1 水泥混凝土路面上直接加铺技术要求:

路面破损状况指数和断板率都评价为中,路面结构承载力不足,但水泥混凝土面层稳定时,三级及以上公路宜采用双层沥青混凝土加铺大修,重载车占比较大的路段可采用水泥混凝土加铺。

1)无论采用何种路面类型加铺,均应对旧路面的病害进行修复处治。加铺或封层前对原有病害进行彻底处理,需处理的病害类型有:破碎板、裂缝、板角断裂、接缝料损坏、错台、板底脱空等。

2)采用沥青混凝土双层加铺,当预测年平均日交通量<3 000 辆/日时,沥青混凝土加铺厚度宜为7.5cm;当预测年平均日交通量≥3 000 辆/日时,沥青混凝土加铺厚度宜为9cm。

3)采用沥青混凝土加铺时,在对原水泥路面病害处理后,沥青面层下应设置碎石同步封层,有条件的设置应力吸收层。碎石同步封层技术要求见本指南下篇4.12节。

4)重载车占比较大的路段可采用水泥混凝土面层直接式加铺,加铺层的路面厚度应通过计算确定,水泥混凝土板厚不小于20cm。路面加铺层的纵、横缝位置应与旧水泥混凝土面板一致。

2 水泥混凝土路面上加铺补强技术要求:

1)路面破损状况指数和断板率两个指标中有一项指标为次及次以下时,旧水泥混凝土板块宜作为底基层,平整度较差的宜设置适宜的材料调平层,加铺基层和沥青混凝土面层。

2)路面破损状况指数和断板率两项指标有一项评价为中,但原有旧路未设置基层时,原则上采取在旧水泥混凝土路面上加铺补强(增加基层)大修措施。

3) 面层的类型及厚度根据农村公路的行政等级和交通量情况,依据本指南上篇表 5.6 确定。

4) 基层的厚度应通过结构设计确定,且不小于最小结构厚度。

5) 加铺的基层与面层的设计与施工,按照相关设计、施工规范规定执行。

3 原有水泥混凝土路面已经破损严重,出现大量翻浆、沉陷,发生结构性破坏,采取大修措施无法恢复原路承载能力时,应挖除旧水泥混凝土板块,按新建路面结构设计。

4 村镇路段路面大修、改造技术要求:

村镇路段应充分调查旧路抬高的可行性,有条件的宜按直接加铺或补强设计;如条件受限,采用挖除旧路重建的方式,路床要满足强度要求,基层宜适当加厚。

5 桥头引道应采取挖除旧路面,新建路面结构应处理好与桥涵顶面纵坡的顺适衔接。

4.14 沥青路面、水泥路面养护时机与措施

将路面养护决策及养护措施(下篇 4.5 节 ~ 4.13 节)内容归纳总结为表 4.14。

表 4.14 沥青路面、水泥路面养护时机与措施汇总表

技术等级	原路面类型	养护时机	养护措施
各级公路	沥青路面	在满足强度要求的前提下,一级公路路面损坏状况指数(PCI)评价为优、良或者二级及以下公路路面损坏状况指数(PCI)评价为优、良、中	应以日常养护为主,并对局部破损进行小修
	水泥路面	路面损坏状况指数评价和断板率均为优、良	日常养护和局部或个别板块修补措施
三级及以上公路	沥青路面	在满足强度要求的前提下,路面损坏状况指数(PCI)评价为中,同时路面发生轻微裂缝、表面松散和轻度车辙等表面层病害	宜采用薄层罩面中修措施:碎石封层、微表处、含砂雾封层等
		强度满足要求,路面损坏状态指数评价为次或次以下,主要病害类型为轻微变形或松散的病害	直接加铺罩面 4cm ~ 5cm AC-13 或 AC-16 中修措施
		强度满足要求,路面损坏状态指数评价为次或次以下,主要病害类型为裂缝类病害或重度车辙	铣刨后加铺罩面 4cm ~ 5cm AC-13 或 AC-16 中修措施
		强度不能满足要求,路面损坏状态指数评价为次以下,基层完整,状态良好	大修:采用沥青混凝土双层加铺,当预测年平均日交通量 <3 000 辆/日时,沥青混凝土加铺厚度宜为 7.5cm;当预测年平均日交通量 ≥3 000 辆/日时,沥青混凝土加铺厚度宜为 9cm
		强度不能满足要求,路面损坏状态指数评价为次以下,基层强度偏低	大修:更换面层、基层维修处治,按强度要求进行基层补强
		路面损坏状态指数评价为次以下,基层损坏严重,基本成松散破碎状态	路面结构重建:按强度要求设计新铺沥青路面结构
		重载车比例较大导致路面发生严重车辙、网裂、沉陷等病害	按新建水泥混凝土路面进行设计

续表 4.14

技术等级	原路面类型	养护时机	养护措施
三级及以上公路	水泥路面	路面仅出现表面病害(磨损、脱皮、露骨)或轻微网裂、轻微错台	中修:5cm~6cm AC-16 单层沥青混凝土罩面
		水泥混凝土路面的损坏状况指数和断板率两项指标有一项评价为中,路面结构承载力不足,但水泥混凝土面层稳定	采用沥青混凝土双层加铺,当预测年平均日交通量<3 000 辆/日时,沥青混凝土加铺厚度宜为7.5cm;当预测年平均日交通量≥3 000 辆/日时,沥青混凝土加铺厚度宜为9cm
		水泥混凝土路面的损坏状况指数和断板率两项指标有一项评价为中,重载车占比较大的路段	采用水泥混凝土面层直接式加铺,水泥混凝土板厚不小于20cm
		路面破损状况指数和断板率两个指标中有一项指标为次及次以下	旧水泥混凝土板块宜作为底基层,平整度较差的宜设置适宜的材料调平层。重新铺筑基层和面层。面层和基层的类型及厚度要根据农村公路的行政等级和交通量情况,依据本指南上篇表5.6确定
		路面破损状况指数和断板率两项指标有一项评价为中,但原有旧路未设置基层	原则上采取在旧水泥混凝土路面上加铺补强(增加基层)大修措施。面层和基层的类型及厚度要根据农村公路的行政等级和交通量情况,依据本指南上篇表5.6确定
		原有水泥混凝土路面已经破损严重,出现大量翻浆、沉陷,发生结构性破坏,采取大修措施无法恢复原路承载能力	应挖除旧水泥混凝土板块,按新建路面结构设计
四级公路	沥青路面	在满足强度要求的前提下,路面损坏状况指数(PCI)评价为中,同时路面发生轻微裂缝、表面松散和轻度车辙等表面层病害	宜采用薄层罩面中修措施:碎石封层、微表处、含砂雾封层等
		强度满足要求,路面损坏状态指数评价为次或次以下,主要病害类型为轻微变形或松散病害,原沥青混合料高低温性能良好	直接加铺罩面4cm AC-13 中修措施
		强度满足要求,路面损坏状态指数评价为次或次以下,主要病害类型为裂缝类病害或重度车辙,原沥青混合料高低温性能差	铣刨后加铺罩面4cm~5cm AC-13 或 AC-16 中修措施
		路面损坏状态指数评价为次以下,基层损坏严重,基本成松散破碎状态	路面结构重建:按强度要求设计新铺沥青路面结构
		重载车比例较大导致路面发生严重车辙、网裂、沉陷等病害	按新建水泥混凝土路面进行加铺层设计

续表4.14

技术等级	原路面类型	养护时机	养护措施
四级公路	水泥路面	路面仅出现表面病害(磨损、脱皮、露骨)或轻微网裂、轻微错台	中修:4cm~5cm单层沥青混凝土罩面
		路面损坏状况指数和断板率两项指标中有一项为次及次以下	旧水泥混凝土板块宜作为底基层,平整度较差的宜设置适宜的材料调平层,加铺基层和沥青混凝土面层。面层和基层的类型及厚度要根据农村公路的行政等级和交通量情况,依据本指南上篇表5.6确定
		原有水泥混凝土路面已经破损严重,出现大量翻浆、沉陷,发生结构性破坏,采取大修措施无法恢复原路承载能力	应挖除旧水泥混凝土板块,按新建路面结构设计

4.15 过水路面养护

4.15.1 基本要求

1 过水路面的行车道两侧应竖立导向标柱,表面涂红白相间油漆,如有损坏应及时修复或更换。

2 漫水期间,在确保安全且漫水深度在允许范围内的前提下,才允许大型车辆减速通行。如漫水过深应中断交通,并设置临时禁止通行标志。

4.15.2 过水路面养护

1 及时清除淤泥、砂石和漂浮物,保持路面密实、整洁,及时铲除积雪、冰凌,铺撒防滑材料。

2 对砌石路面已松动、冲失的圬工砌体,应及时用水泥混凝土填塞或采用浆砌石填平。

3 对于已破坏的路基边坡可用浆砌块、片石或混凝土预制块护面,护面应伸入河床到原基础顶面。清除的较大石块宜运至下游边坡脚处堆放,以利过水时消力。

4 当过水路面漫水过深,阻车时间过长、过于频繁时,应将过水路面逐步改建为桥梁,以提高通行能力。

4.16 砌块路面养护

1 砌块路面养护相关技术要求详见现行《农村公路砌块路面应用技术规范》(DB22/T 2778)。

2 针对我省早期建设的砖铺路面,宜将原红砖挖除,重建路面结构,挖除的红砖可用于软基换填。

5 桥涵养护

5.1 一般规定

1 为加强农村公路桥涵的养护管理,不断提高养护管理的现代化水平,需逐步建立起桥涵养护技术管理体系,实行桥涵检查、评定制度,加强日常养护维修和安全防护。

2 应贯彻"预防为主,安全至上"的工作方针,以桥梁构造安全为中心,承重部件为重点,加强全面养护,努力提高桥涵结构的耐久性和安全性。

3 应进一步完善公路桥梁数据库,逐步建立起公路桥梁管理系统,全面掌握桥梁技术状况,对桥梁维修管理进行科学决策。

4 桥涵养护工作包括下列内容:

1)技术状况检查;

2)桥涵构造物的安全防护;

3)桥涵构造物的日常保养、维修与加固。

5 农村公路桥涵构造物应加强经常性检查,掌握其技术状况,及时发现缺损,采取相应的养护措施,保证安全通行;经定期检查,技术状况等级达到四、五类,已不适应交通安全通行的桥涵必须进行加固、改建或重建。

6 桥涵养护应做到外观整洁、桥面铺装坚实平整、横坡适度、桥头连接顺适、排水畅通、伸缩装置良好、结构完好无损、附属设施齐全完好。

7 桥梁维修、加固养护工程应在对桥梁开展技术状况检测、承载能力评定的基础上,通过经济技术方案综合比选,提出可行的维修、加固技术方案,并应充分利用原有部分结构,以降低成本。

8 应严格控制履带车及铁轮车直接在桥面上通行。确需通行时,应采取相应的防护措施。当超重车辆需通过桥梁时,必须按有关规定采取相应的防护加固措施,并经有关部门批准。

9 洪水期间应采取有效的防护措施,确保桥梁结构运营安全。

10 相关权责部门应及时清除农村公路下穿其他公路及铁路通道内积水、冰雪,保障农村公路畅通。

5.2 桥梁检测与评定

5.2.1 经常检查

1 桥梁经常检查是指按现行《公路桥涵养护规范》(JTG H11)、《公路桥梁技术状况评定标准》(JTG/T H21)的要求,结合日常巡查,对桥面设施、上部结构、下部结构及附属构造物的技术状况进行检查。

2 桥梁的经常检查,每季度至少进行 1 次,对于重要构件出现病害或在洪水期间和冰雪前后,应加大检查频率。

3 桥梁经常检查的方法以目测为主,配合简单工具量测,并填写经常检查记录表,计算、修订桥梁技术状况评定等级,记录缺损类型、范围和养护工作量,提出小修保养措施。

4 对于经常检查中发现公路桥梁重要构件达到三、四类桥梁技术状况等级的病害时,立即安排定期检查,必要时采取应急措施,保证通行安全。

5.2.2 定期检查

1 按现行《公路桥涵养护规范》(JTG H11)、《公路桥梁技术状况评定标准》(JTG/T H21)要求,结合桥梁技术状况确定检查频率,最长不应超过三年,定期检查宜在 10 月份之前完成。当发现存在影响结构安全的缺陷时,应随时安排定期检查。

2 桥梁定期检查方法以目测为主,并结合仪器进行检查,必须接近或者进入各部件进行详细检查。

3 通过定期检查,填写定期检查数据表,记录各部件缺损状况,评定桥涵的技术状况等级,建立、完善桥涵的技术档案,及时更新桥梁管理系统数据库,确定系统性的养护与加固维修方案。

5.2.3 特殊检查

1 特殊检查应采用专门仪器设备,通过检测或试验,并结合理论分析,对桥梁的缺损状况、病害成因、承载能力或抗灾能力做出科学明确的判定,并根据检测结果提出针对性的维修处治措施。

2 对重要构件损坏原因不明,技术状况等级为四类或五类,需提载加固以及灾害性损伤的桥梁,应立即安排特殊检查。

3 特殊检查应符合现行《公路桥涵养护规范》(JTG H11)和《公路桥梁承载能力检测评定规程》(JTG/T J21)的规定。

4 桥梁因遭受到自然灾害、交通事故或其他异常情况造成桥梁损坏时,应进行应急检查。应急检查参照特殊检查,需保证检查的时效性。

5.2.4 桥梁的评定与决策

1 一般评定为依据桥梁的定期检查资料,通过对桥梁各部件技术状况的综合评定,确定桥梁的技术状况等级,提出各类桥梁的养护措施。严格按照现行《公路桥涵养护规范》(JTG H11)的有关规定执行。

2 适应性评定为依据桥梁的定期检查和特殊检查资料,结合试验和结构受力分析,评定桥梁的实际承载力、通行能力、抗洪能力等,提出桥梁养护、维修方案。按现行《公路桥涵养护规范》(JTG H11)和《公路桥梁承载能力检测评定规程》(JTG/T J21)的有关规定执行。

3　一般评定的技术状况等级分为一至五类，可对桥梁提出相应的维修策略，具体如下：

一类桥：技术状况处于完好或良好状态，对桥梁进行保养维护。

二类桥：技术状况处于良好或较好状态，对桥梁进行小修。

三类桥：技术状况处于较差状态，个别重要构件有轻微缺损或部分次要构件有较严重缺损，但桥梁尚能维持正常使用功能，对桥梁进行中修，酌情进行交通管制。

四类桥：技术状况处于差的状态，部分重要构件有较严重缺损或部分次要构件有严重缺损，桥梁正常使用功能明显降低，桥梁承载能力降低但尚未直接危及桥梁安全，对桥梁进行大修或改造，及时进行交通管制，如限载、限速通过，当缺损较严重时应及时关闭交通。

五类桥：技术状况处于危险状态，部分重要构件出现严重缺损，桥梁承载能力明显降低并直接危及桥梁安全，对桥梁进行改建或重建，及时关闭交通。

4　对实际承载力、通行能力、抗洪能力等适应性不能满足要求的桥梁应进行专项改建或重建。

5.3　桥涵养护技术要求

5.3.1　桥面系养护

1　基本要求

1）应经常清除桥面上的泥土、杂物，保持桥面的整洁、平整。冬季宜采用人工或机械除雪方式，及时清除桥面及桥头两端积雪、结冰。

2）桥面出现损坏时应及时维修，保持桥面结构的完好。

3）应经常疏通已堵塞的泄水孔，保持桥面排水畅通，不积水。

4）桥面及桥头高路堤护栏应保持完好状态，如损坏应及时修复，一时无法立即修复的，采用的临时防护措施应牢固、醒目，使用时间不得超过1个月。对未安装护栏的应及时补设。对安全防护能力差的桥梁栏杆，有条件的应改为防护护栏，保证其安全性。

5）伸缩装置应保持完好，橡胶条内杂物应及时清理，保证能自由伸缩，经常处于良好的工作状态。橡胶条老化、脱落或伸缩缝锚固混凝土出现裂纹、坑槽等损坏或功能失效应及时维修或更换。

6）桥头因路堤沉降过大引起跳车影响交通时，应采取换填透水性砾料、增设搭板或注浆处理，改善桥头引道行驶状况。

7）护栏底座混凝土、混凝土防撞护栏和伸缩缝锚固区混凝土易受冬季除冰盐的腐蚀，产生疏松、剥落时，应在清除破损部分后，采用防蚀环氧砂浆、聚合物砂浆等进行修补。

2　沥青混凝土桥面养护维修

1）沥青混凝土桥面出现的泛油、拥包、裂缝、波浪、坑槽、松散、车辙等各种病害应参照沥青路面病害处理方式处治。

2）损坏严重、已老化的沥青混凝土桥面，应将整跨铺装凿除，重新铺筑沥青铺装层。不应采用在原桥面直接加铺的方法，以免增加桥梁恒载。

3 水泥混凝土桥面养护维修

1）水泥混凝土桥面出现的断裂、拱胀、错台及表层脱皮、磨光等各种病害应及时处治。

2）桥面铺装改造时，应清除旧有桥面，可通过凿毛、涂刷界面剂、恢复原有抗剪钢筋等措施保证新铺装层混凝土与桥梁结构结合良好；新铺装层厚度不宜小于8cm；铺装层内应配置钢筋网，钢筋直径不小于8mm，间距不宜大于100mm；采用强度等级不低于C40的防水混凝土。

5.3.2 钢筋混凝土与预应力钢筋混凝土梁桥养护

1 基本要求

1）对钢筋混凝土梁桥或预应力混凝土梁桥应做好日常养护工作，及时修补出现的病害。

2）对已影响结构耐久性和强度的病害，如裂缝、横向联系开裂、构件出现较大面积破坏等，应安排进行维修，如已影响桥梁承载能力应进行加固，保持构件处于良好的工作状态。

2 养护与维修

1）清除梁体表面污垢。

2）修补混凝土孔洞、破损、剥落、表面风化及裂缝等病害。

3）清除暴露钢筋的锈渍，恢复保护层。

4）修复梁（板）体的各种纵、横构件的开裂或开焊、锈蚀等病害。

5）保持箱梁内通风，补做箱梁未设的通风孔。

6）当发现梁、板内有存水现象时，应及时在梁、板底部低端增设泄水孔，保证梁、板内的干燥。

3 常见病害维修

1）混凝土孔洞、蜂窝、剥落等病害维修

①应先对维修范围内的混凝土结构表面进行清理，将浮灰、油污、松动（松散）的混凝土等清除干净。

②对维修部分用清水洗刷湿润或涂刷界面剂，对维修面积较小的宜采用水泥砂浆修补，对面积较大的宜采用高强混凝土修补。

2）混凝土露筋、保护层剥落病害维修

①应先将维修范围内松动混凝土凿除。

②对钢筋锈迹应清除干净，并涂刷阻锈剂。

③对保护层的修复，如损坏面积不大可用环氧砂浆修补，如损坏面积过大宜采用聚合物砂浆修补。

3）梁体裂缝的处理

①当裂缝宽度不大于0.15mm，且裂缝位置在跨中及重点区域内时，应及时对裂缝进

行封闭处理,一般涂刷环氧树脂胶。

②当裂缝宽度大于 0.15mm 时,应采用压力灌浆法灌注环氧树脂胶或其他灌缝材料。

③当裂缝发展严重,破坏结构整体性,降低构件刚度,影响结构承载能力时,应加强观测,查明原因。必要时可委托有相应资质的专业检测单位对桥梁结构的承载力进行评估,进而进行维修加固处理。

④预应力混凝土梁体发生锚固区裂缝,在端部中性轴区域内出现纵向水平裂缝,沿管道方向出现纵向裂缝,不论裂缝宽度如何都应查明原因,进行处理或加固。

4 钢筋混凝土与预应力混凝土梁加固

1)钢筋混凝土与预应力混凝土梁的加固应按现行《公路桥梁加固设计规范》(JTG/T J22)和《公路桥梁加固施工技术规范》(JTG/T J23)的相关规定进行。

2)梁板桥可采用体外预应力、改变结构体系、增大截面、粘贴钢板或粘贴复合纤维材料、更换主梁、增强横向整体性等方法加固,也可组合采用上述多种方法。

3)因预应力部分失效而进行加固时,若原结构有预留孔,可在预留孔内穿钢束进行张拉;或增设齿板,增加体外预应力束进行张拉。

4)腹板抗剪切强度不够时,可采用粘贴钢板或加竖向预应力加固。

5)钢筋混凝土板梁和预应力混凝土板梁存在铰缝失效时,可采用树脂胶固结铰缝等快速维修技术,减少因维修工程影响交通,也可通过增强板梁间横向联结的方式处理。

5.3.3 拱桥养护

1 基本要求

1)应及时修补圬工拱桥结构出现的表面缺陷和局部损坏,如圬工砌体边角压碎、砌块断裂或脱落、砌缝砂浆脱离等。对产生的裂缝要通过观测分析原因及严重程度,及时采取修补或加固措施。对拱轴已产生较大变形,拱圈损坏严重,承载力不足的圬工拱桥,应及时采取措施进行加固或改建。

2)应及时修复钢筋混凝土拱桥(双曲拱桥、桁架拱桥)结构物表面出现的露筋、孔洞、麻面、剥落、老化等病害。双曲拱拱肋之间横向联结构件损坏时,应及时采取有效方法进行维修加固。桁架拱弦杆杆件产生裂缝、杆件端部开裂或节点局部开裂时,应及时采取措施维修加固。当拱圈强度不足、厚度偏小,产生变形出现开裂时,应及时进行加固。

3)拱桥上部结构损坏严重,难以修复或加固的,可拆除原拱桥的拱圈及拱上建筑,利用原墩台,改建为钢筋混凝土或预应力混凝土梁式桥。

2 圬工拱桥养护维修

1)应保持结构物表面清洁,经常清除表面污垢及圬工砌体因渗水而在表面附着的游离物。

2)圬工拱桥应重视桥面排水,经常疏通泄水管(孔),保持桥面排水畅通,如发现桥面漏水应及时修补。

3)应及时修补拱桥结构出现的表面缺陷和局部损坏等各种病害:圬工砌体的边角压

碎、砌块断裂、表面产生风化、剥落，可用水泥砂浆修补；个别砌体、压碎或脱落，应用新的块体填塞更换；砌缝砂浆发生脱离，应凿除后重新用干硬性砂浆或微膨胀砂浆填筑，表面重新勾缝。拱圈纵、横向裂缝应采用注浆处理，并查明裂缝成因。

3 圬工拱桥加固

1）对已产生较大变形、拱圈损坏、承载力不足的圬工拱桥，应及时采取加大拱圈等有效方法进行加固；对不能及时加固的，应采取限载或禁止通行措施。

2）当拱桥下部结构产生破坏，如拱脚不均匀下沉严重或外移时，应及时对墩台采取有效方法进行加固。

4 钢筋混凝土拱桥养护维修

1）应保持桥面及结构物表面的整洁、完好。

2）应及时修复混凝土结构物表面出现的露筋、孔洞、麻面、剥落、老化等病害。

5 钢筋混凝土拱桥加固

1）双曲拱拱肋之间横向联结构件损坏时，应及时采取粘贴钢板或增大横向联结构件截面等方法进行维修加固。

2）桁架拱弦杆杆件产生裂缝、杆件端部开裂或节点局部开裂时，应及时采取粘贴钢板等措施进行维修加固。

3）当拱圈、拱波强度不足产生开裂超过规范规定的裂缝宽度限值时，应采取增大截面法进行加固。

4）当拱圈厚度偏小、拱圈强度不足时，应采取粘贴钢板、浇筑钢筋混凝土加大拱肋截面或混凝土加大拱圈截面等方法进行加固。

5）当拱桥墩台基础变形过大引起拱结构损坏时，应及时对墩台基础进行加固，然后修复已损坏的拱上结构。

5.3.4 支座养护

1 支座应保持完整，清洁，每半年检查1次，并防锈涂油。清除支座周围的垃圾及积雪，防止积水、积冰，保证支座正常工作。

2 对橡胶支座应经常清除污物、污水，防止橡胶支座老化、变质。如橡胶支座已老化，必要时可考虑更换。

5.3.5 下部结构养护

1 基本要求

1）应注意做好墩台基础的日常养护工作，内容包括保持墩台结构表面整洁，桥下不能有堆物或违章建筑。

2）当发现墩台基础损坏，情况有异常时，应及时采取维修加固措施，保持墩台基础的正常使用。当基础损坏严重，承载力不足时，可采取扩大基础、增加桩基等方法进行加固。

3）河床冲刷严重时，应采取防护措施对基础进行维护，避免基础冲刷过深或淘空。

2　墩台养护维修

1)保持墩台表面整洁,及时清除墩台表面的青苔、杂草、灌木和污物。

2)对发生灰缝脱落的圬工砌体,应清除缝内杂物,重新用水泥砂浆勾缝。

3)墩台表面发生侵蚀剥落、蜂窝麻面、露筋等病害时,应采用聚合物或者树脂水泥砂浆修补。

4)当裂缝宽度不大于0.20mm时,可进行表面封闭处理,可涂刷环氧树脂胶;当裂缝宽度大于0.20mm时,应采用压力灌浆法灌注环氧树脂胶或其他灌缝材料;当裂缝发展严重时,应加强观测,查明原因,进行加固。

5)墩台圬工砌体镶面部分严重风化和损坏时,应用石料或混凝土预制块补砌、更换,新老部分要结合牢固,色泽和质地应与原砌体基本一致。

6)圬工墩台砌体表面风化剥落,深度在3cm以内的,可用水泥砂浆抹面修补,砂浆强度等级一般不应低于M10。如损坏面积较大,深度超过3cm的,不得用砂浆修补,应采用挂网喷浆或浇筑混凝土层予以裹覆。

7)圬工墩台身砌块如出现裂缝,裂缝宽度较小时可直接采用注浆;裂缝较严重,影响结构受力时,应先对裂缝注浆,同时采用钢套箍或钢筋混凝土套箍方式加固。

8)对设置的防撞、警示等附属设施应加强检查、维修,保持良好状态。

3　墩台基础养护维修

1)应采取措施保障桥梁墩台基础附近河床的稳定。

2)应定期对河床冲刷情况进行调查,基础冲刷过深或基底局部淘空,应立即抛填块石、片石、铅丝石笼等进行维护。

3)桥下河床铺砌出现局部损坏时应及时维修。若砌块损坏,可补砌或采用混凝土修补。

4)桥梁河床铺砌无法满足使用要求时应对河床铺砌进行改建,减少水流对桥梁基础的冲刷,保证桥梁和公路的安全运营。

5)应对桥梁上下游河道进行清理,必要时可设置导流堤、丁坝、顺坝等调治构造物,引导水流均匀、顺畅地通过桥孔。

6)桩柱衔接区域,易受水流冲刷侵蚀及冻融破坏,当出现混凝土疏松、剥落、露筋等病害时,需清除劣质混凝土,采用树脂混凝土或套筒修复,并对钢筋除锈,按钢筋缺失面积补增钢筋。修补混凝土应满足抗渗、抗冻要求。

4　墩台及基础加固

1)桥梁的桥墩、桥台发现病害时应及时处理,圬工墩台可采用套箍法维修;钢筋混凝土墩台可采用粘贴钢板套箍、复合纤维粘裹、钢套管内灌注混凝土或加大墩台截面的方法处理;U形桥台侧墙外倾时,可采用外包混凝土套箍、轻质材料更换台后填土、增设辅助挡土墙、横向钻孔加设钢拉杆等方案处理。

2)由于桥台台背填土遇水膨胀或冻胀而变形,应挖除膨胀土,修复损坏部位,检修排水设施,填以砂砾土或轻质材料,并封闭表面防止渗水。

3)由于基础不均匀沉降而产生的自下而上的裂缝,应先加固基础,再视裂缝发展程度确定灌缝或加固墩台。墩台裂缝已上下贯通,可用钢筋混凝土围带或钢箍进行加固。

4)桥梁盖梁承载力不足时可采用增大截面、粘贴钢板或粘贴复合纤维材料等方法加固。

5)根据桥梁水下结构检测情况,对基础的承载力进行评估,根据评估结果进行相应的处理。基础承载力不足可采用增大基础底面积或增加基桩等方法加固。

6)桩基础出现缩径、混凝土剥落、夹泥时,可采用湿固性环氧混凝土、水下不分散性混凝土或者套筒等方案进行修补加固,当桩基钢筋外露、锈胀时,应对钢筋进行除锈、阻锈处理,并增补缺损钢筋。

5　锥坡、桥台搭板及翼墙养护

1)锥坡应保持完好、稳定,当发现有开裂、空洞或其他损坏时应及时修复。

2)当发现桥头搭板断裂,使桥头路面下沉时,应开挖路面对搭板重新修复,或采取注浆加固的方法。

3)翼墙发生下沉、倾斜或其他形式损坏时,应在翼墙增设钢拉杆进行维修加固;基础冲刷较深,导致埋深不足时,应恢复基础埋置深度,并进行冲刷防护。

4)桥台锥坡及翼墙若发生变形和铺砌层勾缝脱落,应及时修复并注意夯实填土。常水位以下应采用水泥砂浆砌块片石,并勾缝。

5)锥坡出现开裂、沉陷及受洪水淘空时,应采取重筑基础、换填锥心土、重铺砌块等措施进行维修。

5.3.6　涵洞养护

1　基本要求

1)涵顶保持平整、不跳车,洞内排水畅通。保证洞身、涵底、进出水口、护坡和填土的完好、清洁、不漏水。

2)针对涵底基础沉陷、技术状况较差、承载能力不足、泄洪能力不足等丧失使用功能的涵洞,应逐步进行改造。对于缺少涵洞的,应结合排水需要及时增设。

2　涵洞养护维修

1)涵洞内发现漂流物堵塞时,应及时疏通,管涵的搭接处有淤积物,应及时清除。

2)涵底铺砌层、洞口上下游路基护坡、引水沟、汇水槽发生变形或沉陷等,均应及时修复。

3)处于高填方的涵洞,其出水口的跌水设施必须与洞口结合成整体,若有裂缝应及时填塞。

4)浆砌圬工拱涵的砌体表面如发生局部风化、裂缝、灰缝剥落等,应采用水泥砂浆重新勾缝或表面抹浆或喷浆;如洞顶渗漏水,应采用水泥砂浆修复其损坏部分,必要时可开挖填土重设防水层。

5)混凝土管涵的接头处和有铰接缝处发生填缝料脱落,应采用干燥麻絮浸透沥青后填实,不宜采用灰浆抹缝,以免再次脱落。

6)涵洞进、出水口处如已严重冲刷,可采用增设涵底铺砌或在出水口增设消力设施等方案维修。

7）管涵的管节如因基础沉陷而发生严重错裂时,应挖开填土处理地基后再重建基础。

8）涵洞端墙和翼墙,如有离开路堤向外倾斜等变形现象,如属填土未夯实而沉落挤压,或填土中水分过多土压力增大而引起的,应更换透水性好的填土并仔细夯实;如属基础不均匀沉陷而发生倾斜,则需维修或加固基础。

9）因加宽或加高路基导致原有涵洞长度不足时,一般可将原涵洞洞身接长,其接长部分的基础,宜与原基础同深,并注意断缝。当路基加宽、加高不多时,也可采用加高涵洞上下游端墙的方法,但应同时根据需要增加端墙的长度。如洞口为八字翼墙,应将翼墙加高和接长。新旧砌体的接合处,必须交错砌筑。

6 隧道养护

6.1 一般规定

1 隧道养护工作包括日常巡查、清洁、结构检查与技术状况评定、保养维修和病害处治等内容。

2 隧道日常巡查、结构检查与技术状况评定及养护决策参照现行《公路隧道养护技术规范》(JTG H12)执行。

3 原有隧道存在安全隐患时,应对其进行技术鉴定和专项设计,采取必要的加固措施,确保主体结构的强度、稳定性和耐久性。

6.2 清洁

1 隧道内路面应保持干净、整洁,清除隧道路面上的塌(散)落物、堆积物、积水及结冰。

2 清除隧道顶板、侧墙、洞门的污垢、油污和痕迹,保持干净、整洁。

3 清理和疏通隧道排水设施,保持无积淤、排水通畅,在冰冻季节应增加排水沟的清理频率。

4 清洗隧道的标志、标线、轮廓标,保持完整、清晰、醒目。

6.3 保养维修

1 应及时清除洞口边仰坡上的危石、浮土,保持洞口边沟和边仰坡上截(排)水沟的完好、畅通,修复存在轻微损坏的洞口挡土墙、洞门墙、护坡和排水设施等结构物的开裂、变形,维护洞口花草树木。冬季应清除边仰坡上的积雪和挂冰。

2 无衬砌隧道出现的碎裂、松动岩石和危石,应按照"少清除,多稳固"的原则进行处理;对围岩的渗漏水,应开设泄水孔接引水管,将水导入边沟排出;冬季应及时清除洞顶挂冰。

3 对有衬砌隧道出现的衬砌起层、剥离,应及时清除;应及时修补衬砌裂缝,并设立观测标记进行跟踪观测;对衬砌的渗漏水应接引水管,将水导入边沟;冬季应及时清除洞顶挂冰等。

4 应及时清除隧道内外路面上的塌(散)落物和堆积物。应及时修复、更换损坏的窨井盖或其他设施盖板。当路面出现渗漏水时,应及时处理,将水引入边沟排出,防止路面积水或结冰。

5 应保持人行道或检修道平整、完好和畅通,人行道或检修道不得积水,当道板有破损、翘曲或缺失时,应及时进行修复和补充;应定期保养人行道或检修道护栏,护栏应保持完好、清洁、坚固、无锈蚀,立柱正直无摇动现象,横杆连接牢固,当有缺损时,应及时恢复。

6 排水管堵塞时,可用高压水或压缩空气疏通。应及时清理排水边沟、中心排水沟、沉沙池等排水设施中的堆积物;及时修复破损的排水沟盖板和沟墙;冬季应及时清除排水沟内结冰堵塞。

7 应及时修补变形、破损的标牌,修复弯曲、倾斜的支柱,紧固松动的连接构件;对锈蚀损坏、老化失效的标志,应及时更换,缺失的应及时补充;对损坏的限高及限速设施应及时维修。

8 对破损严重和脱落的标线应及时补划;应及时紧固松动的路标,发现损坏或丢失的,应及时修复或补换;隧道轮廓标应保持完整、清洁和醒目,当有损坏时,应及时修复或更换。

6.4 病 害 处 治

1 衬砌腐蚀剥落比较严重部位,应凿除病害部分,根据破坏程度采用喷射素混凝土或模筑混凝土修补。

2 隧道裂缝较多且严重影响衬砌强度时,应优先封堵裂缝,宜在衬砌表面喷射水泥混凝土,并宜设置锚杆及钢筋网或钢板加固。

3 如净空限界满足要求,宜在原衬砌下加设套拱加固。但应注意套拱与原有衬砌的结合,尤其注意改善拱脚等薄弱部位的受力状态,套拱厚度不应小于20cm。

4 隧道衬砌后出现空洞,当空洞较小时,宜采取压注环氧水泥砂浆或水泥砂浆加固;空洞较大时,宜采用小石子水泥混凝土封堵。

7 交通安全设施养护

7.1 一般规定

1 农村公路在主体工程养护的同时,应对交通安全设施加强养护。
2 针对现有公路交通安全设施设置不全、有些路段设施缺失严重、设施设置不合理等问题,应对县级公路存在的问题给出合适的处理方案,设置较完善的交通安全设施,设施应规范、统一。乡、村公路对其存在的问题核查后增设必要的安全设施。
3 及时排查县、乡、村公路安全隐患,结合公路安全保障工程的技术内容,对县级公路危险路段,设置较完善的交通安全设施,对乡、村公路危险路段,增设必要的设施,并应逐步完善其设置。
4 因交通事故、自然灾害或其他原因造成的设施损伤应及时进行修复。
5 加强安全设施的日常巡查和定期检查,设施遗失损毁的要及时予以修复,满足设施完整和外观质量、安装质量、技术性能等各项质量的要求。

7.2 养护工作内容及检查频率

1 交通安全设施的检查内容包括:检查、保养维护和更新改造。检查包括经常性检查、定期检查、特殊检查和专项检查。平时应加强日常巡查。
2 经常性检查的频率不少于1次/季;定期检查的频率不少于1次/年;遭遇自然灾害、发生交通事故或出现其他异常情况时,应及时进行附加的特殊检查;设施更新改造之后,应进行全面的专项检查。

7.3 技术状况评定及标准

1 安全设施缺损:护栏、隔离墩、示警桩(墩)、道口标柱等安全设施的残缺。
2 标志缺损:指路标志、指示标志、警告标志、禁令标志、告示标志、辅助标志、轮廓标、凸面镜、里程碑、百米桩等设施的残缺、位置不合理,版面、颜色、反光材料、反光类别不符合规范。
3 标线缺损:标线缺少或损坏,损坏按照长度(m)计算,每缺损10m扣1分,累计长度不足10m按照10m计算,评定时不考虑车道数的影响。
4 交通安全设施技术状况评定。

根据现行《公路技术状况评定标准》(JTG H20),农村公路交通安全设施技术状况指数(TCI)评定,依据式(7.3.4)计算:

$$TCI = \sum_{i=1}^{5} w_i (100 - GD_{iTCI}) \tag{7.3.4}$$

式中:GD_{iTCI}——第 i 类设施损坏的总扣分,最高分值为100,按照表7.3.4的规定计算;

w_i——第 i 类设施损坏的权重,按照表7.3.4取值;

i——设施的损坏类型。

表7.3.4 交通安全设施扣分标准

类型(i)	损坏名称	计量单位	单位扣分	权重(w_i)	备注
1	安全设施缺损	处	15	0.50	
2	标志缺损	处	10	0.40	
3	标线缺损	m	0.1	0.10	每10m扣1分,不足10m以10m计

7.4 安 全 设 施

7.4.1 标志养护

1 既有标志设置位置不合理、版面内容不准确等情况,应及时更改。柱式标志内边缘不应侵入道路建筑限界,距离土路肩外边缘不小于25cm。结合农村公路现状,当路基边坡无法设置标志时,可将标志设置在排水沟外侧。

2 标志应避免被建筑物、上跨桥梁、绿化设施及附属设施等遮挡。对路侧树木、花草、广告牌等应定期修剪、整形、清理,保障视距通透和交通安全。

3 标志设施的损坏、变形、腐蚀、松动等要及时修理或更换。

4 当公路条件如新增或取消平面交叉、新建或改建桥梁、窄路拓宽、局部线形调整、路网等发生变化时,应检查公路交通标志的设置位置、版面内容、各标志的相互位置等是否适当,对不满足要求的标志要及时更换。

5 利用旧路改建且平纵线形未做改善的农村公路,应对旧路交通事故情况进行调查,分析事故多发路段原因,有针对性地设置交通标志等其他安全设施,确保行车安全。

6 结合既有桥梁承载力评定结果,桥梁两端应设置限制质量和限制轴重标志。

7 在视距严重受阻的直角弯路段,在线形指标改善有很大困难的情况下,应增设必要的警告标志和凸面镜。

7.4.2 护栏养护

1 应定期检查护栏立柱与水平构件的紧固性。护栏表面油漆损坏,应及时修补。

2 对腐蚀严重的金属护栏或破损的混凝土护栏,应及时更换或维修。

3 由于交通事故或自然灾害造成护栏缺失或变形,应及时修复或更换。

4 路面高程调整,原护栏高度不符合规范要求时,应对护栏高度予以调整。

7.4.3 标线养护

1 按照标准规范关于标线使用期养护的规定开展巡查和定期检查,对于检查中发现的不符合要求的标线及时养护,保障标线设置完整、齐全、反射性能好。

2 应定期检查标线磨损情况,重点注意减速丘、交叉口等位置的标线,路面标线磨损严重或脱落影响辨认性时,应重新施划,并避免与原标线错位。

3 路面局部养护导致路面标线局部缺损或被覆盖,标线应在路面养护后予以修补或施划。

7.4.4 其他交通安全设施养护

1 定期检查示警桩、道口标柱等设施的完好性,对丢失、损坏的设施要及时更换或修理。定期粉刷柱体反光漆或更换反光膜,保持其反光性能良好。

2 应保持凸面镜的设置位置、方向、角度合理,镜面清洁,确保凸面镜的反射性能。

3 应定期检查减速设施与路面的紧固情况,设施有无裂缝、损坏。损坏或磨损严重影响其性能时,应及时更换或修复。

8 绿化养护

8.0.1 加强农村公路统筹绿化、美化工作,清理公路用地范围内的柴堆、土堆、垃圾堆等,强化路域环境整治,充分发挥美丽农村路引领农村人居环境改善的作用。

8.0.2 农村公路绿化养护应坚持"栽、管、护"相结合,定期组织开展绿化巡查,及时采取浇水、修剪、松土、施肥、抚育、防治病虫害等管护措施,有效保证公路植物生长状态。

8.0.3 对遮挡标志牌、侧枝繁茂影响行车视线以及侵入建筑限界的路树应及时修剪。

8.0.4 春季、秋季干旱期应视干旱程度增加检查频率,重点检查绿化植物缺水情况,并根据需要及时进行浇水;夏季雨水频繁期也应视情况增加检查频率,重点检查绿化植物积水情况,积水区内如有不宜长期浸水的植物,应及时采取措施,排除积水。

8.0.5 每年秋季或春季,宜在乔木树干上距地面1m～1.5m高范围内刷涂白剂,防止冻害,预防病虫害侵染,同时可增添公路美观。

8.0.6 未成活的树木、草坪以及生长状况较差的植物应及时补栽、补种,补植的品种及规格宜选择与原段落相同或相近的植物或草种。树木补植宜在4月末前完成,草种的补植可在5月～9月进行。

8.0.7 对于已死亡的枯木及影响行车视距和安全性的树木,经相关管理部门批准后,应及时伐除,减少行车安全隐患。

8.0.8 土路肩草皮应定期修剪,控制草高,以不影响路面排水为原则;禁止铲除路肩、边坡、边沟外植草。

8.0.9 对局部已形成冲刷的土质边坡,应及时补栽与原防护工程相同物种的植被。

8.0.10 对设置路堑挡土墙路段,有条件时可在边沟与墙体间设置花池,墙体种植攀爬类植物,以绿化美化路侧环境。

9 灾害防治与应急抢修

9.1 一般规定

1 农村公路的灾害防治应遵循"预防为主、防治结合"的方针,做到治早、治小、治轻,从而根除隐患。应根据当地的水文条件、公路状况,分析掌握路段、桥涵的抗灾能力,制订必要的预防措施和应急抢修预案。

2 应加强公路塌方、滑坡、泥石流及沿河路基、桥梁冲刷水毁、冬季除雪防滑等灾害的防治。

3 对公路灾害易发路段,应事先储备必要的材料和机械设备,一旦发生毁阻,应按先抢通后修复的原则,及时组织抢修。

9.2 防洪(汛)与水毁抢修

1 农村公路应加强防汛检查,检查内容如下:
1)边沟、盲沟、跌水等排水系统有无淤塞,路肩有无堆积物阻碍排水。
2)桥梁墩台、调治构造物、引道、护坡、挡土墙有无断裂、错动、松动和鼓出;涵洞有无淤塞或损坏;桥梁墩台基础是否冲空或损坏。
3)桥下有无杂草、树枝、石块等杂物堆积淤塞河道。桥位上下游有无堆积物、漂浮物影响泄洪。桥梁上游河道是否稳定,水流有无变化,桥梁下游是否发生冲刷。
4)沿河路段的河床有无冲刷,路基受急流冲击处有无淘空或下沉,公路上边坡有无开裂、坍塌隐患。
5)检查公路上、下边坡、挡墙和路基的稳定性,浸水路堤和陡边坡路段的路基有无松裂。
6)有无挖砂、取石对桥梁上、下游河道造成破坏的情况。

2 为防止或减轻雨水和洪水对公路的危害,在雨季和洪水来临之前应做好下列水毁预防措施:
1)清理疏通各种排水设施,修补其缺损部分,保证其排水畅通。
2)做好边沟、桥涵以及河道的清淤工作。
3)维修、加固和改善各类基础防护构造物及调治构造物。
4)采取适当措施,防止河道上游漂浮物大量急剧下冲,进入桥孔。
5)防汛于非汛期,对公路上边坡应以疏导排水为主,对排水不畅、易发生堵塞的地段,根据集水区划分,增设必要的排水设施。公路下边坡应以加固路基为主,对路基出现下沉、淘空的应及时进行加固,防止病害扩大。

3 汛期对抗洪能力不足的桥梁,应有专人负责值守观察,发现险情及时进行抢护。应针对不同情况采取下列措施:

1) 监视漂浮物在桥下通过的情况,必要时采取措施引导其顺利通过桥孔,防止其聚集在墩台附近。聚积在桥下的漂浮物,必须随时移开或捞起。

2) 洪水发生时,如桥梁墩台、引道、护坡、锥坡或河床发生冲刷,危及构造物安全时,应采取抛填石块、沉放砂袋等紧急措施进行抢护。抛填块石时,可设置临时木溜槽,以控制抛填位置。

3) 遇特大洪水,若采取抢险措施仍不能保障安全的重要桥梁,在紧急情况下,经上级主管部门批准,可挖开桥头引道宣泄洪水,以保护主桥度汛。

4) 公路桥梁一旦被洪水冲毁而中断交通时,应组织车辆绕行,并积极抢修便桥、便道,尽快恢复交通。

4 加强雨天和汛期对公路的巡查,当路堤有被洪水淹没的可能时,可在临河一面的路肩上,用草袋或黏土筑成土埂临时挡水,预防洪水冲毁路面,洪水退后即拆除。

5 发现公路及其构造物发生小的毁阻,当场予以排除;发生严重毁坏时,应立即在两端设立警告标志或禁止通行标志,同时应采取应急措施,进行紧急抢修。灾后做好水毁工程的修复工作。

9.3 冬季除雪防滑

1 农村公路除雪防滑作业应以"安全、环保、畅通"为前提,贯彻"以人为本、安全第一、生命至上"的宗旨,采取"机械除雪为主、辅以人工除雪和防滑"的基本方式,确保公路安全运营。

2 对重点路线制订抢险预案,在入冬前储备必要的除雪设备及充足的防滑料。

3 对于路线纵坡、合成坡度大于8%的路段,应及时清理路面积雪积冰,以保证车辆运行安全。

4 全力做好县道全线以及乡道、村道客货运输繁忙路线的陡坡路段、公路平交道口、急弯、大中桥桥面及引道、村(镇)过境路和高填方路段的除雪、铲冰、防滑工作。

5 对于交通量较小的偏远路线无法及时除雪时,应做好防滑工作。

9.4 塌方、滑坡防治与抢修

斜坡坡脚附近湿地增多且范围扩大,坡脚附近土、石挤紧并出现大量膨胀裂缝,斜坡下部路基上拱,斜坡中部出现纵横裂缝,斜坡上部出现弧形裂缝并有下沉现象,斜坡上树木倾斜,斜坡上缘土、石零星下落等情况发生时,应立即汇报并采取应对措施。

1 对滑坡体外上方及两侧的地面水予以拦截,避免流入滑坡体。对滑坡体上集水洼地的积水采用引水渗沟加以排除。

2 在滑坡体上部主滑部分和后部被牵引部分,采取减载措施,以减少滑坡的下滑力,而在滑坡体下部和前缘部分则要加载,以增加底部抗滑力。对规模较小的,全部清除滑坡体后不致引起周边再滑坡时,采用全部清除方法加以处理。

3 塌方影响行车安全时,应立即启动应急预案,设立指示标志,疏导车辆,调动抢险物资和人员,及时进行抢修。

4 一旦发生塌方影响行车安全时,应立即调动抢险物资和人员进行抢修。当一侧公路堵塞时,封闭该侧交通,并对交通进行疏导,封闭交通时应严格按照规范进行;两侧公路堵塞时,应立即封闭交通并全力抢修,当封闭交通时间较长时,可修建临时便道。

9.5 泥石流防治与应急措施

1 在泥石流易形成区,采取平整山坡、填筑沟槽、修建阶梯及土埂等措施控制水土流失和防止滑塌发生。

2 在泥石流流经区,可在储淤条件较好处修建拦挡坝及停淤场。可根据实际情况采用挑导坝、丁坝、导流堤相结合的综合调治措施。

3 当发生泥石流影响公路通行时,应采取必要的限速措施,并立即抢修,及时恢复交通正常行驶。

4 当泥石流将路基掩埋、破坏公路时,应立即封闭路段,并设置警告标志。一时难以清除开通路线时,可修建临时便道维持交通,并及时抢修。